税務申告を見据えた

遺産分割協議書の書き方と

ケース別条項例

弁護士
奈良 恒則

税理士・不動産鑑定士
佐藤 健一

NPO法人相続アドバイザー協議会
評議員
野口 賢次

弁護士
佐藤 量大　編著

JN026889

日本法令

はしがき

　現在、相続に関する書籍が多く出版されている中で、遺産分割についても法務、税務などに特化した専門書は多く出版されています。その中であえて、弁護士、税理士、不動産鑑定士などが共同で本書を執筆したことには理由があります。

　相続が発生すると、法定相続、遺言による相続、または遺産分割協議で相続財産の分配がなされます。最近は遺言の重要性が叫ばれていますが、実際は遺言などがない中で相続が発生する場合が多くを占めています。特に、遺言もなく相続財産に不動産がある場合などは、遺産分割協議で手続きを進める必要が出てきます。その意味で、遺産分割協議は相続の中でも大切な部分を占めるのです。その遺産分割協議上大切なのは、①紛争にならないように遺産分割協議を進めること、②税務にも留意しつつ法務上問題のない遺産分割協議書を作成することに尽きると思います。

　そこで、今回、相続に携わる弁護士、税理士・不動産鑑定士、NPO法人相続アドバイザー協議会の実務家が集まり本書を執筆しました。

　本書は下記の構成となっています。

　第1編では、相続税申告のスケジュールに沿った遺産分割及び納税資金の確保を中心にその進め方をまとめました。申告期限が10か月と期間が限定される中で、税務上の優遇措置を考慮した遺産分割はもちろん、相続税が財産課税であることから生じる不動産等の納税資金化も並行して検討する必要があるからです。

　第2編では、実務でイメージしやすいように具体例に沿って法務上問題のない遺産分割協議書条項例を税務上の留意点も指摘しつつまとめました。これは、遺産分割協議書が法務と税務で留意事項が異なる場合もあり、法務面のみならず税務面も意識しながら作成す

る必要があるためです。

　また、円満に相続を進めるうえで参考となるエピソードなどを随所に記載しました。

　本書が遺産分割協議に関係する実務家の皆様の少しでもお役に立てれば嬉しいかぎりです。

2022 年 12 月

著者一同

目　次

3

第2編　ケース別　遺産分割協議書条項例

コラム

第 1 編

相続税申告のスケジュールに沿った遺産分割の進め方

相続手続の流れ

図表 1-1　相続のフロー図

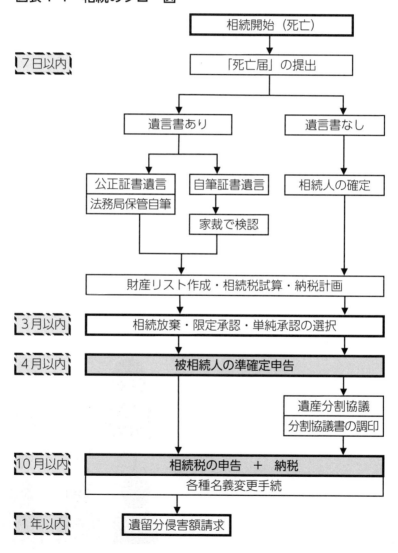

1　死亡届

　親族、親族以外の同居者、家主、地主、家屋もしくは土地の管理人、後見人、保佐人、補助人、任意後見人が、死亡の事実を知った日から7日以内（国外で死亡があったときは、その事実を知った日から3か月以内）に、「死亡地」「死亡者の本籍地」「届出人の所在地」の区役所・市町村役場のいずれかの1か所へ死亡届を提出します（戸籍法86、87条）。

2　相続人の確定

　相続とは、「相続人は、相続開始の時から、被相続人の財産に属した一切の権利義務を承継する。ただし、被相続人の一身に専属したものは、この限りでない。」（民法896条）となっています。したがって、相続手続を行ううえで相続人の確定が非常に大切になります（詳細は**第3章 1** - 2を参照）。

3　相続財産の確定

　遺産分割協議や相続税の申告をするにあたり、相続財産を特定しなければなりません。できるだけ早い段階で相続財産の総額を把握することで、円滑に遺産分割や相続税申告をすることが可能になります。

図表 1-2　死亡届

死　亡　届

令和 2 年 1 月 9 日 届出

東京都千代田区 長 殿

受理 令和　年　月　日	発送 令和　年　月　日
第　　　　　号	
送付 令和　年　月　日	長印
第　　　　　号	
書類調査　戸籍記載　記載調査　調査票　附　票　住民票　通　知	

(1)	（よ み か た）	みんじ　　　　　いちろう	
(2)	氏　　　　名	氏 民事　　名 一郎	☑男　□女
(3)	生 年 月 日	昭和 23 年12 月14 日（生まれてから30日以内に死亡したときは生まれた時刻も書いてください）	□午前　時　分 □午後
(4)	死亡したとき	令和 2 年 1 月 9 日	☑午前　□午後　4 時 10 分
(5)	死亡したところ	東京都港区虎ノ門一丁目1	番地 1 号 番
(6)	住　　所 （住民登録をしているところ）	東京都千代田区霞が関一丁目1番1号	
		世帯主の氏名　民事 一郎	
(7)	本　　籍 （外国人のときは国籍だけを書いてください）	東京都千代田区丸の内一丁目1	番地 番
		筆頭者の氏名　民事 一郎	
(8)(9)	死亡した人の夫または妻	☑いる（満 70 歳）　いない（□未婚　□死別　□離別）	

記入の注意

鉛筆や消えやすいインキで書かないでください。
死亡したことを知った日からかぞえて 7 日以内に出してください。
死亡者の本籍地でない役場に出すときは、2 通出してください（役場が相当と認めたときは、1 通で足りることもあります。）。2 通の場合でも、死亡診断書は、原本1通と写し1通でさしつかえありません。

→「筆頭者の氏名」には、戸籍のはじめに記載されている人の氏名を書いてください。

→ 内縁のものはふくまれません。

□ には、あてはまるものに☑のようにしるしをつけてください。

(10)	死亡したときの世帯のおもな仕事と	□ 1. 農業だけまたは農業とその他の仕事を持っている世帯 □ 2. 自由業・商工業・サービス業等を個人で経営している世帯 ☑ 3. 企業・個人商店等（官公庁は除く）の常用勤労者世帯で勤め先の従業者数が1人から99人までの世帯（日々または1年未満の契約の雇用者は5） □ 4. 3にあてはまらない常用勤労者世帯及び会社団体の役員の世帯（日々または1年未満の契約の雇用者は5） □ 5. 1から4にあてはまらないその他の仕事をしている者のいる世帯 □ 6. 仕事をしている者のいない世帯
(11)	死亡した人の職業・産業	（国勢調査の年…　年…の4月1日から翌年3月31日までに死亡したときだけ書いてください）
		職業　　　　　　　　　　　産業

→ 死亡者について書いてください。

届け出られた事項は、人口動態調査（統計法に基づく基幹統計調査、厚生労働省所管）、がん登録等の推進に関する法律に基づく全国がん登録（厚生労働省所管）にも用いられます。

そ の 他		
届 出 人	☑ 1. 同居の親族　□ 2. 同居していない親族　□ 3. 同居者　□ 4. 家主　□ 5. 地主 □ 6. 家屋管理人　□ 7. 土地管理人　□ 8. 公設所の長　□ 9. 後見人 □10.保佐人　□11.補助人　□12.任意後見人　□13.任意後見受任者	
	住　所　東京都千代田区霞が関一丁目1番1号	
	本　籍　東京都千代田区丸の内一丁目1	番地 番　筆頭者の氏名 民事 太郎
	署名 （※押印は任意）　民事 太郎　　　　印	昭和51 年 12 月 28 日生
事 件 簿 番 号		

図表1-3　死亡診断書

別紙4（2／2）

死亡診断書（死体検案書）

この死亡診断書（死体検案書）は、我が国の死因統計作成の資料としても用いられます。楷書で、できるだけ詳しく書いてください。

氏　名	民事　一郎	①男 2女	生年月日	明治　昭和 大正　平成　令和	23 年 12 月 14 日

（生まれてから30日以内に死亡したとき は生まれた時刻も書いてください） 午前・午後　　時　　分

死亡したとき	令和　2 年　1 月　9 日　　午前・午後　4 時　10 分

（12）（13）死亡したところ及びその種別

死亡したところの種別　①病院　2診療所　3介護医療院・介護老人保健施設　4助産所　5老人ホーム　6自宅　7その他

死亡したところ　東京都港区虎ノ門一丁目1　　　番　1 号

（死亡したところの種別1～5）施設の名称　○○○病院　（　　　）

（14）死亡の原因

	（ア）直接死因	脳出血	発病（発症）又は受傷から死亡までの期間	10時間
I	（イ）（ア）の原因	動脈硬化症		4か月
	（ウ）（イ）の原因			
	（エ）（ウ）の原因			
II	直接には死因に関係しないがI欄の傷病経過に影響を及ぼした傷病名等			

◆ I欄、II欄とも に疾患の終末期の 状態としての心不 全、呼吸不全等は 書かないでくださ い

◆ I欄では、最も 死亡に影響を与え た傷病名を医学的 因果関係の順番で 書いてください

◆ I欄の傷病名の 記載は各欄一つに してください

ただし、欄が不 足する場合は（エ） 欄に残りを医学的 因果関係の順番で 書いてください

手術	1無　2有	部位及び主要所見	手術年月日	令和 平成　　年　　月　　日 昭和
解剖	1無　2有	主要所見		

（15）死因の種類

死因の種類	1病死及び自然死
	外因死　　不慮の外因死　　2交通事故　3転倒・転落　4溺水　5煙、火災及び火焔による傷害
	6窒息　7中毒　8その他
	その他及び不詳の外因死〔9自殺　10他殺　11その他及び不詳の外因〕
	12不詳の死

（16）外因死の追加事項

◆伝聞又は推定情 報の場合でも書い てください

傷害が発生したとき	令和・平成・昭和　　　年　　月　　日　午前・午後　　時　　分	傷害が発生したところ	都道府県 市郡 区町村
傷害が発生したところの種別	1住居　2工場及び建築現場　3道路　4その他（　　）		
手段及び状況			

（17）生後1年未満で病死した場合の追加事項

出生時体重 グラム	単胎・多胎の別 1単胎　2多胎（子中第　子）	妊娠週数 満　週
妊娠・分娩時における母体の病態又は異状 1無　2有　3不詳	母の生年月日 昭和 平成　　年　　月　　日 令和	前回までの妊娠の結果 出生児　　人 死産児　　胎 （妊娠満22週以後に限る）

（18）その他特に付言すべきことがら

（19）上記のとおり診断（検案）する

診断（検案）年月日　令和　　年　　月　　日
本診断書（検案書）発行年月日　令和　　年　　月　　日

（病院、診療所、介護医療院若しくは介護老人保健施設等の名称及び所在地又は医師の住所）

東京都港区白金台1丁目3　　　番　6 号

（氏名）　医師　法務　康

記入の注意欄：

一生年月日が不詳の場合は、推定年齢をカッコを付して書いてください。

夜の12時は「午前0時」、昼の12時は「午後0時」と書いてください。

「5老人ホーム」は、養護老人ホーム、特別養護老人ホーム、軽費老人ホーム及び有料老人ホームをいいます。

死亡したところの種別で「3介護医療院・介護老人保健施設」を選択した場合は、施設の名称に続けて、介護医療院、介護老人保健施設の別をカッコ内に書いてください。

傷病名等は、日本語で書いてください。
I欄では、各傷病について発病の型（例：急性）、病因（例：病原体名）、部位（例：胃噴門部がん）、性状（例：病理組織型）等もできるだけ書いてください。

妊娠中の死亡の場合は「妊娠満何週」、また、分娩中の死亡の場合は「妊娠満何週の分娩中」と書いてください。産後42日未満の死亡の場合は「妊娠満何週産後満何日」と書いてください。

I欄及びII欄に関係した手術について、術式又はその診断名と関連のある所見等を書いてください。紹介状や伝聞による情報についてもカッコを付して書いてください。

「2交通事故」は、事故発生からの期間にかかわらず、その事故による死亡が該当します。
「5煙、火災及び火焔による傷害」は、火災による一酸化炭素中毒、窒息等も含まれます。

「1住居」とは、住宅、庭等をいい、老人ホーム等の居住施設は含まれません。

傷害がどういう状況で起こったかを具体的に書いてください。

妊娠週数は、最終月経、基礎体温、超音波計測等により推定し、できるだけ正確に書いてください。

母子健康手帳等を参考に書いてください。

11

4 単純承認・相続放棄・限定承認の選択

「相続人は、自己のために相続の開始があったことを知った時から3箇月以内に、相続について、単純若しくは限定の承認又は放棄をしなければならない。」（民法915条）とされています。上記期間内に限定承認または相続放棄をしなかったときは、単純承認をしたものとみなされます（民法921条2号）。単純承認すると、無限に被相続人の権利義務を承継することになります（民法920条）。

限定承認とは、相続によって得た財産の限度においてのみ被相続人の債務及び遺贈を弁済すべきことを留保して、相続の承認をすることをいいます（民法922条）。限定承認をしようとするときは、共同相続人全員が共同して、家庭裁判所に申述する必要があります（民法924条）。

相続放棄とは、各相続人が家庭裁判所に申述することによって初めから相続人とならなかったものとみなされる制度です（民法938、939条）。

5 準確定申告

年の中途で死亡した人の場合は、相続人が1月1日から死亡した日までに確定した所得金額及び税額を計算して、相続の開始があったことを知った日の翌日から4か月以内に申告と納税をしなければなりません。これを「準確定申告」といいます（第3章5 1を参照）。

6 遺言の有無

被相続人の最終意思の尊重という趣旨から、遺言がある場合、遺産分割をすることなく相続人または受遺者に財産承継することが可

能となります。

　公正証書遺言であれば、公証人役場で被相続人作成の遺言がある
かどうか検索ができます（平成元年以降の「公正証書遺言検索サー
ビス」は全国のどの公証人役場でも検索できます）。公正証書遺言
以外の場合であれば家庭裁判所において検認手続を行います。

　なお、自筆証書遺言に関しては、民法の改正により、法務局で保
管を申し出ることができるようになり、保管の有無の検索が可能と
なります（遺言書保管法 10 条 1 項）。

　また、法務局で保管された自筆証書遺言は、遺言者死亡以後の家
庭裁判所における検認手続が不要となります（遺言書保管法 11 条）。

7　遺産分割協議

　遺言で取得財産が包括的に定められている場合（例：妻に 2 分
の 1、長男に 2 分の 1）や、遺言がない場合は、遺産に属する物ま
たは権利の種類及び性質、各相続人の年齢、職業、心身の状態及び
生活の状況その他一切の事情を考慮して財産を分ける協議をします
（民法 906 条）。

8　相続税の申告・納税

　相続税の申告が必要な人は、相続の開始があったことを知った
日の翌日から 10 か月以内に相続税の申告・納税が必要となります
（詳細は第 5 章 1 を参照）。

9　各種財産承継名義変更等相続手続

　遺言により、または遺産分割協議後、財産承継名義変更手続を行
います。

1 相続環境の確認による今後の方針決定

相続人らと初めてお会いする際に留意すべき点を
教えてください。

1 相続人らへのお悔やみ

　葬式後に、改めて相続手続の依頼を受けたことで初めて相続人の
家族にお会いすることも少なくないものと思われます。その際に
は、まず相続人らに故人へのお悔やみを申し上げるとともに「遅く
なり恐縮ですがお線香をあげさせていただいてもよろしいでしょう
か。」とお線香をあげさせていただくとよいでしょう。

2 相続環境の把握

　初回の面談においては、今後各種相続手続を進めていくうえでの
状況を確認することに努めていきます。相続手続は、被相続人名義
の財産を相続人等に変更する手続きといえますが、そのためには相
続人間の合意や協力が不可欠であり、また、相続税の納税義務が発
生する場合もあります。多種多様な手続きを円満かつ円滑に、一定
期間内に完了するための前提となる状況を確認することが必要とな
ります。もちろん手続きをスタートするために必要な事項の事務的
な確認というスタンスであり、専門家として善悪を言及する場でも
ありませんし、特定の相続人らを問い詰める場でもありません。相

続に慣れている人はいないので、専門用語の扱いなど相続人らとの会話もスムーズに進めるよう心がけてください。

　相続環境の確認は、概ね次のような要素から成り立っていて、これら要素の掛け算的なパターンがあると考えられます。

(1) 相続人らの属性や希望

① いわゆる争族の可能性

　当然ながら「争いますか？」とは直接聞くことはできません。ただし、初回面談における次のような状況から争族となる危険度を探っていきます。

　　ア．葬式への参列の有無

　　イ．初回面談の参加者は、相続人全員か？　一部か？

　　ウ．欠席者は今回面談があることを知っているのか？

　　エ．相続人の配偶者など相続人以外の参加者がいるか？

　　オ．相続人間で住所、電話番号等を知っているか？

　　カ．相続人間の連絡の頻度や住まいの距離感（近隣、遠方、国外）

　　キ．説明、雑談等する中で発言が多い者は誰か？

　　ク．ある相続人らの他の相続人らに対する言動

② 遺言がある場合

　遺言の有無は遺産の承継や手続きに直接的に影響することから、遺言の有無、遺言が遺されている場合にはその種類はもちろん、さらに次のような事項を確認していきます。

　　ア．初回面談までに関係者全員に遺言を開示しているか？

　　イ．開示していない場合は、今後の開示予定や開示のやり方に関する考え

　　ウ．遺言の内容（相続分程度なのか？　偏りがあるのか？　遺留分は？）

エ．開示済みの場合には、相続人らの反応

オ．遺言執行者の記載の有無

カ．遺言内容の執行に関する相続人らの反応

③ 相続人らの現況・属性

相続人らへの聞き取りにより相続関係図を作成するとともに、相続人らの現況、経済状況や属性に関連することも併せて確認していきます。なお、相続人の確定は今後の戸籍調査にて行います。

④ 相続人らの希望

遺産分割に対する相続人らの希望を確認します。初期段階であり、財産リストの作成もこの後となることから、明確な希望までとはいかないまでも、法定相続分による承継、配偶者優先の承継など遺産分割の方向性として聞き、以後の参考として書き留めておきます。

また、相続に関する漠然とした不安などがないかも質問し、弁護士法や税理士法に留意しつつ答えられる範囲で答えます。内容によっては、「一般的には…」とのフレーズにて説明することも有用でしょう。

（2）相続財産の状況

被相続人が遺した財産について、預貯金・不動産・有価証券・借金などの種類、概ねの金額などをお聞きし、今後の詳細確認、評価へとつなげます。

適正な相続税申告にあたっては、名義資産の状況確認も必要となりますが、相続人らとの信頼関係が構築される前の初期段階で「配偶者の預金はいくらですか？」といったことを踏み込みすぎると、敬遠される場合もあります。質問内容によってタイミングを見計らうことも実務上は大切です。

（3）必要な対策

　上記のことを聞き取り確認しつつ、このご家族にとっての①争族対策、②節税対策、③納税資金捻出対策、④円滑な相続手続対策を勘案します。この段階では、各対策に関する大方針と位置付けられるものですが、今後の各種手続のスピード感やすべき手続き、紛争の危険度が高いため弁護士を紹介するか、納税のためには不動産売却が必須なため、土地家屋調査士と不動産業者を考えるかといった専門家ネットワークの組成などに大きく関わってきますので、十分な注意を払いたいものです。

２ 相続関係図の作成

相続人らへの聞き取りにより相続関係図を作成する場合の注意点を教えてください。

　相続人らと初めて面会する際に、闇雲に聞き取りをスタートしてしまうと唐突に複数のお名前が登場し、聞き手であるアドバイザーが混乱してしまいます。そのため、具体的な手続きの話をするに先立ち相続関係図を作成することをお勧めします。

　相続人の確定は、この後の戸籍の収集を経てとなりますが、ほとんどの場合は相続人らから聞き取って作成した相続関係図に違いはないものと思われます。この作業により法定相続人の数並びに相続税の基礎控除額も判明するため、この後の相続税の説明にも使用していきます。

　この相続関係図の聞き取り作成にあたっては、次のようなことを確認していきます。また、関係図の作成にあたって婚姻関係は二重線、養子は点線などご自身でルールを決めておくとよいでしょう。作成後には関係図を相続人らに見てもらい、再確認してもらってく

ださい。

1　基本的な事項として

①　被相続人の生年月日、死亡年月日

②　相続人の生年月日及び年齢

③　名前のよみがな

④　養子縁組の有無、養子縁組をした年月日

⑤　被相続人と同居していた親族の範囲

2　追加情報として

　さらに、今後の相続手続や税務申告を念頭に、相続関係図の作成に併せて意図的な質問による次のようなことを確認しておくとよいでしょう。内容によっては聞きにくいこともありますので聞き方を工夫する必要がありますが、確認漏れは相続税申告等に影響する場合がありますので、手続きを進めていく過程で確実に確認する必要があります。

①　三世代程度の血族・配偶者の氏名、生年月日など

　　→相次相続控除、障害者控除、生前贈与の可能性

②　各親族の住所

　　→遠方の場合は署名押印に時間がかかるため、余裕のあるスケジュール立てが必要

③　普段親族が集まるタイミング

　　→遠方、多忙などの場合は、正月やお盆にあわせて情報提供、手続きを進行できるように自身の事務手続を調整

④　希望する連絡方法など

　　→希望する連絡方法、連絡のとりやすい日時・曜日、メールでの連絡は可能かなど

⑤　被相続人の出身地、住所の引越し歴、職業・経歴

　→財産の所在の推定、財産の大小や財産構成の妥当性

⑥　相続人らの職業・経歴

　→経済状況及び納税資金の有無などを推定

⑦　その場に出席していない親族の住所・電話番号・生年月日などの情報をどの程度知っているのか

　→日常の親族間のコミュニケーションの程度を推察

⑧　同居親族がいない場合には、相続人の住まいの状況

　→相続人が賃貸住宅に住んでいる場合には、小規模宅地等の特例適用の可能性あり。持ち家の場合には、住宅取得に際し資金援助（贈与）を受けていないか

3　相続人らへの説明

相続人らとの初回面談の際に、お伝えすることはどのようなことがありますか？

主に、以下について伝える必要があります。

1　相続について

①　相続とは亡くなった人が所有していた財産の名義を変更する手続きであること

②　そのために、相続人全員での遺産分割協議または亡くなった人が遺した遺言が必要であること

③　遺産分割は相続人全員で行い、調えることが必要であること

④　相続人を確認するために「戸籍の収集」から開始すること

2 相続税について

① 財産が基礎控除額（3,000万円＋法定相続人の数×600万円）を超える場合には、相続税がかかること
② 相続税は相続開始日から10か月以内に申告と納税を完了しなければならないこと
③ 相続税は現金一括納付が原則であり、10か月の段階で納税額を現金で用意する必要があること
④ 申告期限までに遺産分割が調っていない場合（未分割）には、小規模宅地等の特例や配偶者の税額軽減といった相続税計算上の特例は使えず、納税額が大きくなること
⑤ 遺産分割及び相続税の計算のために「財産リストの作成」から開始すること

3 必要となる書類について

　相続の諸手続を進めていくためには、相続人らに様々な書類を用意していただく必要があります。「書類の用意→確認→追加書類の依頼→確認」の繰り返しで相続手続全般が進行していきます。

　まず、初回面談の際には、**図表2-1**に掲げるような書類を依頼することとなります。ただし、相続手続に慣れている人はいませんので、重要なものや用意しやすいもの、後々でも構わないものと優先順位を付けてお話ししていくことも有用です。

4 今後のスケジュールについて

　特に相続税については遺産分割が調っていようとも、あるいは未分割であろうとも10か月以内に納税しなければなりません。そのためには相続人らに必要な作業を依頼すること、アドバイザーが行

う作業などの予定時期を相続人らと共有します。

　気持ちよく遺産分割協議書に署名押印ができるよう、遺産分割の話し合いの時間を長くできるようスケジューリングしたいものです。

図表 2-1　相続手続に必要な書類

戸籍関係	被相続人	☐ 出生から死亡まで	
	相続人	☐ 現在戸籍	
住民票	被相続人	☐ 除住民票	本籍記載のもの
遺言書	被相続人作成	☐ 自筆証書	検認を受けたもの
		☐ 公正証書、法務局預かり自筆証書	
財産	不動産	☐ 固定資産税評価証明書、納税通知書	相続開始年分
		☐ 賃貸借契約書等	貸し付けている場合
	手元現金	☐	直前引出を含む相続開始時点
	預貯金	☐ 残高証明書（相続開始時点）	必要に応じて家族名義の預金も
		☐ 通帳（過去のものを含む）	
	上場株式・投資信託国公社債等	☐ 残高証明書（相続開始時点）	
		☐ 証券会社発行の参考資料	
	非上場会社株式同族会社株式	☐ 法人決算書一式（直近3年分）	退職金・配当があれば関連資料
		☐ 株主名簿・定款・総勘定元帳	被相続人からの借入金等
	生命保険金	☐ 死亡保険金の支払通知書	
		☐ 相続後受領の入院給付金等	
	損害保険金	☐ 保険証券等	
	給与・退職金	☐ 源泉徴収票	受け取り状況のわかるもの
	その他の財産		
債務	借入金	☐ 残高証明書（相続開始時点）	
	未払金	☐ 医療費、公租公課等	相続開始後の支払領収証等
		☐ クレジット支払明細	
	葬式費用	☐ 寺院への支払領収証	領収証がない場合はメモ等
		☐ 葬儀社への支払領収証	
	その他の債務		
申告関係	所得税の確定申告書	☐ 過去の確定申告書	3年程度（近年に譲渡がある場合はその年分も）
		☐ 準確定申告のための関連資料	
	相続税申告書	☐ 過去の相続税申告書一式	被相続人が申告している場合

21

4 相続税の申告要否を判断するための相続人らへのヒアリング

申告の要否を判断するために、初回面談の際にまず確認しておいたほうがよいことはありますか?

　相続税申告の要否は、初回または早い段階で確認するとよいでしょう。そのためには、①相続関係図の作成による基礎控除額の確認、②評価額が大きな財産の把握が必須となります。なお、基礎控除額との兼ね合いで申告要否の判断がつきかねる場合及び明らかに申告が必要な場合には早めに税理士への橋渡しをお勧めします。

　特に、次のような財産は財産額が大きくなる傾向があり、相続税の申告はもちろん、今後の遺産分割や納税への影響も大きいことから、その有無及び概ねの財産額を初期段階で把握することが重要です。

(1)「高額」かつ「換金困難」な財産

　① 不動産（特に自宅や現在有効活用されているもの）

　② 未上場株式（自社株や親族が経営する会社への出資）

　③ 被相続人等が経営する会社への貸付金（帳簿上の財産であり回収困難な場合も）

(2) 財産としての認識が希薄になりがちなもの

　① 借地権（固定資産税の納税通知書への記載なし）

　② 自宅のリフォーム等

　③ 相続時精算課税による生前贈与財産

　④ 被相続人が相続人となっている先代相続に係る未分割財産

⑤　相続開始の直前に引き出した預貯金の額

　上記以外にも名義資産に代表されるように、相続の課税対象財産となるものはありますが、相続税額及び納税資金準備への影響が大きいものから優先して確認していきます。その理由は、例えば、自宅には相続税がかかりますが、今後も住み続けるため売却は非現実的であることから納税資金化できず、別途の金融資産から納税資金を捻出することが必要になるためです。

5　固定資産税の納税通知書の活用

相続税申告の要否を判断するにも不動産の価格がわかりません。何か方法はありますか？

1　固定資産税納税通知書の確認

　被相続人の財産額を確認するにあたっては不動産がポイントになります。自宅をはじめ、多くの方々の相続において不動産は重要な財産であることはもちろん、財産中に占める価格ウエイトも大きくなるためです。

　また、その価格がわかりにくいことが相続場面における不動産のひとつの特徴といえます。相続税の申告にあたっては路線価等を基準とした画一的、迅速的な評価方法が確立されていますが、初回面談のその場で適正な相続税評価はまずできません。

　そこで、活用したい書類が毎年郵送される「固定資産税の納税通知書」です。固定資産税の納税通知書には、被相続人が毎年 1 月 1 日に所有する不動産について、その所在、地積、地目等とともに、評価額まで記載されています。初期段階では、この固定資産税評価額を基礎として不動産の仮評価額を計算しておきます。もちろん、

図表2-2 課税明細書の見方

住宅用地の区分

小：小規模住宅用地
200㎡以下の部分は、
特例率　固定資産税 1/6
　　　　都市計画税 1/3
となります。

一：一般住宅用地
200㎡を超える部分は、
特例率　固定資産税 1/3
　　　　都市計画税 2/3
となります。

非：非住宅用地
住宅以外の敷地や空地
固定資産税、都市計画税と
も特例率はありません。

課税標準額(左)、税相当額(右)
左側(⑫、⑬)の課税標準額に税率(固定資産税 1.4%、都市計画税 0.3%)を乗じたものが、右側(⑭、⑮)の税相当額となります。
※税相当額と、実際の税額とは一致しません。

負担水準
「住宅用地の区分」ごとに、固定資産税の「本則課税標準額」に対する「前年度課税標準額」の割合(負担水準)を表示しています。

本則課税標準額
「本来の課税標準額」という意味で、原則として「価格」となります。ただし住宅用地の場合は、課税標準の特例が適用されている場合は、「価格×特例率」となります。

前年度(比準)課税標準額
「令和3年度の価格の課税標準額」です。令和4年度の固定資産税・都市計画税の課税標準額を算出するために用います。

所在・地番
土地の場所を表しています
※住居表示の住所とは異なります。

課税地積
課税している土地の広さ(面積)です。

価格
土地の評価額です。

現況地目
1月1日現在の「現況の地目」上「住宅用地の区分」を表しています。

令和4年度課税明細書

申告要否の判断がつきかねる場合や適正な評価及び相続税計算にあたっては、税理士他適正な専門家に依頼することとなります。

2　固定資産税納税通知書の活用例

　実際の固定資産税の納税通知書を目の前に、現利用状況を相続人らに確認しながら簡易的に仮評価額を計算していきます。

土地	所在地番			区域区分	評価額（円）		備考
	課税地目	地積（㎡）	課税標準（円）		固定資産税(円)	都市計画税(円)	
1	甲市〇〇町 2 − 5 − 7			市街化	42,455,438		自宅
	宅地	465.34	11,110,635		155,549	33,332	
2	甲市〇〇町 2 − 5 − 8			市街化	20,137,745		駐車場
	雑種地	220.72	19,130,857		267,832	57,393	
3	甲市〇〇町 2 − 7 − 13			市街化	40,732,220		アパート
	宅地	405.86	6,788,703		95,042	20,366	
4	甲市〇〇町 2 − 2 − 1			市街化	710,040		生産緑地
	畑	887	710,040		9,941	2,130	

家屋	所在地番			家屋番号	評価額（円）		備考
	面積（㎡）	建築年月	構造	種類	固定資産税(円)	都市計画税(円)	
1	甲市〇〇町 2 − 5 − 7			5 − 7	3,459,900		自宅
	230.66	S40.7	木造	居宅	48,439	10,380	
2	甲市〇〇町 2 − 7 − 13			7 − 13	55,026,750		アパート
	733.69	H18.8	鉄骨造	共同住宅	770,375	165,080	

（1）自宅土地

評価額（※1） （※2） 仮評価額
42,455,438 円 × 1.1 ≒ 46,700,000 円

※1 納税通知書に記載された「評価額」を使用します。課税標準額ではありませんのでご注意ください。
※2 土地は公示価格に対して固定資産税評価額は70％水準、相続税評価額は80％水準とされています。したがって、固定資産税評価額を70で割って80をかける（≒×1.1）ことで相続税評価額水準となります。

（2）駐車場土地

20,137,745 円 × 1.1 ≒ 22,200,000 円

（3）アパート敷地

（※3）
40,732,220 円 × 1.1 × 0.8 ≒ 35,800,000 円

※3 （1－借地権割合×借家権割合30％）の中庸値として

（4）生産緑地

（※4） 生産緑地地積
100,360 円/㎡ × 887㎡ × 1.1 ≒ 97,900,000 円

※4 農地としての低い評価額であるため、宅地評価額を基礎として計算します。生産緑地は地積規模が大きく総額への影響も大きいため、仮評価の段階においても宅地換算すべきことにご注意ください。この例では生産緑地近傍に所在する3のアパート敷地単価を基礎としました。

アパート敷地評価額 アパート敷地地積 近傍宅地単価
40,732,220 円 ÷ 405.86㎡ ＝ 100,360 円/㎡

(5) 自宅家屋

3,459,900 円

(6) アパート家屋

$$55,026,750 \text{円} \quad \times \quad \overset{(※5)}{0.7} \quad ≒ \quad 38,500,000 \text{円}$$

※ 5 （1 −借家権割合 30%）

(7) 不動産の合計仮評価額

(1) 〜 (6) の合計　≒　244,600,000 円

6　相続人らへのその他のヒアリング事項

その他、初回面談の際に確認しておいたほうがよいことはありますか？

1　当面の生活費について

　一般の家計は、被相続人の通帳から引き出すことが多いかと思います。しかし、相続が開始すると、遺産分割協議等を経て手続きを行うまでの一定期間、その預貯金は引き出せなくなり凍結されることとなります。

　遺された配偶者の当面の生活資金について配偶者自身に備えがない場合には、預貯金について凍結状態を解除し、配偶者の生活資金に充てるために、第 1 回遺産分割協議として預貯金のみの遺産分割協議書を作成して凍結状態を解除することが考えられます。

第1回遺産分割協議書

1. A銀行の預金口座は相続人甲が取得する。

令和○年○月○日

相続人甲　（住所）

（署名）　　　　　実印

相続人乙　（住所）

（署名）　　　　　実印

相続人丙　（住所）

（署名）　　　　　実印

2　借入金等債務の有無について

銀行借入金に代表される債務も相続の対象となります。債務が大きい場合には「相続放棄」や「限定承認」も選択肢に入れる必要があります。「相続放棄」や「限定承認」は原則相続開始後3か月以内に家庭裁判所での手続きが必要となりますし、特に限定承認については対応できる専門家が限られている実情があることから注意が必要です。

3　確定申告について

被相続人が、例年確定申告を行っていたかを確認します。亡くなった年分の所得については、相続開始日から4か月以内に、相続人の連名にて準確定申告をしなければならない場合があります。相続税に先行して申告及び納税期限が到来しますし、その事業や所得が相続人に承継されることとなり、相続開始日後は相続人に確定申告義務が発生するため、新たな申告準備も必要となります。なお、準確定申告の納付額は、相続税の計算上債務として控除されます。

　所得税の計算をしたときに「還付」となる場合には、申告義務はありません。還付申告をした場合には、その還付金額は相続税の課税対象財産となります。

　この他にも償却資産など、相続税の計算に影響するものもありますので、過去の確定申告の有無並びに申告内容、確定申告書の確認は必須となります。

第 1 編

相続税申告のスケジュールに沿った遺産分割の進め方

第3章 序盤（相続開始日から2・3か月目の対応）

1 相続開始日から2か月程度までの対応

初期段階を経て、相続開始後2か月程度の段階までに進めておくべきことにはどのようなことがありますか？

1 専門家ネットワークの組成

初期面談にて相続人らに一通りの説明及びヒアリングを経た後は、この一家の「相続人の属性や希望」「財産状況」「必要な対策」を総合的に勘案し、この相続を円滑に進めるために必要な専門家を選択し専門家ネットワークを組成します。

その後、相続人らに各専門家への橋渡しを行い、さらに相続人らの了承を得たうえで各専門家と情報を共有していきます。

2 相続人の確定

初回面談の際、相続人らへのヒアリングにより相続関係図を作成していますが、実際の戸籍を収集し相続人を確定します。その際には、その後の諸手続の簡便性を考慮し「法定相続情報」（32ページ図表3-2）を作成し、複数枚取得しておくのもお勧めです。

なお、法定相続情報には相続人に関する限定された記載となっているため、ご家族の状況を知るための基礎情報として、収集した戸籍にて、さらに被相続人の先代・配偶者・子・孫まで書き留めたも

のをアドバイザー自身で作成することもお勧めします。

図表 3-1 専門家ネットワーク

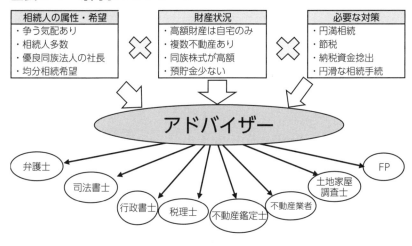

3 資料提供のお願い

初期段階では、相続人らに重要性の高い資料を中心に提供してもらいますが、それらの資料を整理したうえで新たに発生した確認事項に関する資料や、さらに細かい財産に関する資料提供をお願いします。このタイミングで確認したい資料の代表的なものとしては、不動産の賃貸借契約書や通帳、法人の総勘定元帳などがあります。

図表 3-2　法定相続情報

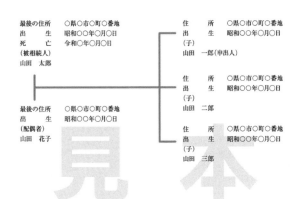

被相続人山田太郎法定相続情報

最後の住所　　　○県○市○町○番地	住　　所　　○県○市○町○番地
出　　生　　昭和○○年○月○日	出　　生　　昭和○○年○月○日
死　　亡　　令和○年○月○日	（子）
（被相続人）	山田　一郎（申出人）
山田　太郎	

住　　所　　○県○市○町○番地
出　　生　　昭和○○年○月○日
（子）
山田　二郎

最後の住所　　　○県○市○町○番地
出　　生　　昭和○○年○月○日
（配偶者）
山田　花子

住　　所　　○県○市○町○番地
出　　生　　昭和○○年○月○日
（子）
山田　三郎

これは、令和○年○月○日に申出のあった当局保管に係る
法定相続情報一覧図の写しである。

令和○年○月○日
○○法務局○○出張所　　　登記官　○○　○○

注）本書面は、提出された戸籍謄本等の記載に基づくものである。相続放棄
に関しては、本書面に記載されない。また、相続手続以外に利用することはできない。

整理番号　○0000　1／1

2 不動産の現地調査及び評価

不動産の現地調査のポイントを教えてください。

1　不動産評価のための調査

　適正な不動産評価のための調査には、①法務局での基礎資料収集、②現物の不動産を目で見て確認する現地調査、③不動産に係る規制などを確認する役所調査、④税務評価の場合には税務上の届け出などの確認があります。適正な調査なくして適正な評価はできないことを念頭に各調査にあたってください。

2　現地調査の準備

　初期段階で聴取した「固定資産税の納税通知書」「名寄帳」を基に、被相続人所有の各不動産について登記簿謄本、公図、住宅地図や路線価図などを揃えて、現地調査の準備をするとともに、相続人らへの確認、質問事項を整理しておきます（詳細は 35 ページ**図表3-3** を参照）。

3　現地調査

　相続人らに案内を受けながら現物の不動産を目で見て確認します。写真撮影や必要に応じて簡易的な測量も行います。現地調査にあたっては次のようなことも考慮します。

① 　納税通知書の記載と現物は一致しているか（地目、規模、建物棟数など）

② 　未登記建物の有無

③ 　不動産の現利用状況、利用者の属性（親族か、通常の賃貸借

かなど）

④　評価単位
⑤　住宅地図では判別が難しい高低差、騒音、日照など
⑥　小規模宅地等の特例の適用可否
⑦　賃貸物件の稼働状況
⑧　売却が視野に入っている場合には売却の現実性、難易の程度

4　相続税評価

　現地調査に加えて賃貸借契約書や税務上の届け出などの資料の確認を踏まえ、相続税計算のための評価を行います。

　なお、その年分の路線価は毎年7月1日に公表となりますので、7月1日までは正確な評価ができないこととなります。例えば、1月に相続が開始した場合には、半年待たないと評価ができないこととなりますが、相続人らに有用な情報を迅速に提供する観点からは前年の路線価にて仮評価する、さらには前年の路線価に地価公示価格の地価変動率を加味して仮評価するなどの工夫が考えられます。

図表 3-3　現地調査に必要な資料

資料の種類	必要度	入手先／閲覧先	評価に当たっての活用方法
評価倍率表	必須	税務署、国税庁の HP	評価方法、倍率の確認など
路線価図	必須	税務署、国税庁の HP	路線価、地区区分、借地権割合の確認
固定資産税評価証明書（固定資産台帳／名寄帳）	必須	不動産の所在地を管轄する市町村都税事務所	納税者所有土地の洗い出し、倍率方式による土地評価、家屋評価
全部事項証明書（不動産登記簿謄本）	必須	法務局	所在・地番、地目、地積、所有者など基本的事項の確認
住宅地図ブルーマップ	必須	法務局、税務署、地図会社の HP など	平面的な利用状況の把握、地番、住居表示、周辺土地の利用状況などの確認
公図	必須	法務局	形状、位置関係の確認など
地積測量図（実測図）	あれば	納税者、法務局、土地家屋調査士など	間口、奥行、形状、地積の確認など
建物図面	あれば	納税者、法務局、不動産管理会社など	利用状況、評価単位の確認など
都市計画図	必要に応じて	区市町村役場／都市計画課など	用途地域、容積率、行政的条件、都市計画道路予定地の確認など
道路平面図道路境界確定図	必要に応じて	区市町村役場／道路課、建築指導課	幅員、基準法上の扱い、セットバックの必要性、要セットバック幅員の確認
建築計画概要書	必要に応じて	区市町村役場／建築指導課など	間口、奥行、地積、形状の確認など
上下水道、ガス	必要に応じて	役場、水道局、ガス会社など	特定路線価の申請など
賃貸借契約書	必要に応じて	納税者	利用状況、権利関係の確認
税務上の届出書類	必要に応じて	納税者	「無償返還届出」、「借地権者の地位に変更がない旨」など
実勢価格に関する資料	必要に応じて	不動産業者、不動産鑑定士	遺産分割、売買不動産選定の参考など

5 評価の目的と限界

　相続税計算のための評価については、路線価等を基準とした画一的、迅速的な評価方法が確立されていますが、その評価額はあくまで相続税を計算するためだけのものともいえます。

　特に遺産分割争いや遺留分侵害額請求の場面では、不動産の評価額については実勢価格が基礎となります。そのため、相続人らに不動産価格に関する情報を提供する場合には、相続税の計算のためといった"目的"や実勢価格は違うといった"限界"を明確にしたほうがよい場合が考えられます。アドバイザーが相続税評価額をもって争族要素のある遺産分割をミスリードしないよう注意してください。

　また、必要に応じて不動産業者や不動産鑑定士からサポートを得ることも検討してください。

3 相続税の試算及び納税方法の検討

早い段階で相続税の試算を行うのはなぜですか？

1 財産リストの作成

　初期面談の際、重要度の高い財産をヒアリングしたうえで、不動産や自社株式、金融資産等の各相続財産を記載した財産リストを作成します。借金や不動産賃貸にかかる敷金、保証金などの債務も含め、必要に応じて生命保険金や葬式費用も整理します。

　財産リストは、あくまで初期段階のみの情報ですので、完全なものでなくても構いません。重要かつ換金困難な財産の把握に努め、各財産について"とりあえず評価"を行います。完全なリストを作成するために時間がかかりすぎる結果、相続人らへの情報提供や意

思決定が遅れるといったことは避けたいところです。

　この財産リストを作成することで、相続税の試算が可能となりますし、相続人らにとっては遺産分割に向けた基礎情報となります。

2　相続税の試算

　財産リストを基に、相続税の試算を行います。申告要否の判断はもちろん、小規模宅地等の特例や配偶者の税額軽減までを考慮したときの相続税まで試算しておくとよいでしょう。

　また、この段階では「相次相続控除」も、相続人らへのヒアリングを中心に戸籍謄本や不動産登記簿の変遷からも確認しておきたいところです。税額控除である相次相続控除は納付税額を大きく減額できる場合があり、この後に進めていく納税計画に大きな影響を与える場合があるためです。

3　納税方法の検討

　税務面では、序盤で検討すべき重要な項目が「納税方法の検討」です。財産リストの作成を経て試算された相続税額をどのように納付するかであり、被相続人の金融資産や相続人らの固有の財産を原資とした納税が困難な場合には、不動産の売却などによる納税資金捻出計画を立てる必要があります。

　相続税の納税は、現金一括納付を原則とし、税務署長の許可を受けて延納→物納の順番での納税もできますが、延納や物納には厳格な許可要件もあるため、実務上は申告期限までに不動産などを売却換価して納税資金を捻出する場合が多くあります。ただし、不動産の売却には時間がかかることから、この納税可否の判断を早い段階で行うことが重要となります。

37

(1) 金融資産で納税が可能な場合

　被相続人の預貯金、生命保険金や換金性の高い有価証券のほか、相続人らの固有の金融資産にて、小規模宅地等の特例や配偶者の税額軽減の適用がないとした試算相続税額を賄える場合には、まずは一安心と考えられます。

(2) 特例が適用可能な場合

　小規模宅地等の特例や配偶者の税額軽減の特例を適用すれば、手持ちの金融資産で納税が可能な場合に、特例適用の要件である財産が分割されていることを充足するために申告期限までに遺産分割を調え、いわゆる未分割の状態を回避することがポイントです。

(3) 納税猶予の適用が可能な場合

　農地等の納税猶予や非上場株式等の納税猶予（事業承継税制）の適用により、手持ちの金融資産で納税が可能な場合には、納税猶予対象財産の承継者を遺産分割協議などを経て決定しなければならないとともに、税務署以外の関連機関にも諸届出を要するなど手続きが複雑になりますので、十分な時間的余裕をもって対応することがポイントです。

(4) 不動産の売却

　買い手を探す、隣地所有者との境界を確定する、現使用者に立ち退いてもらうといった相続人らだけでは進行できない要素もありますので、十分に時間の余裕をもって対応することがポイントです（詳細は 41 ページ図表 3-5 を参照）。

（5）延納または物納

　不動産の売却による資金準備も困難な場合には、延納や銀行借入、または物納を検討することとなります。

図表 3-4　納税方法の検討

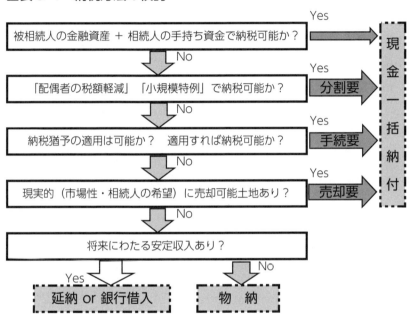

4 納税資金捻出のための不動産売却活動

不動産の売却にあたってのスケジュール等を教えてください。

1 売却候補不動産の選定

基礎資料の収集、現地調査及び試算相続税額等を踏まえ、次のようなことを考慮しつつ売却候補不動産を選定します。この段階で、不動産業者の意見や相場に関する情報を得ておくことも有用です。

① 相続人らの希望
② 不動産の市場動向
③ 不動産の現況（更地か、測量済みか、賃借人の有無など）
④ 売却条件が整うまでの時間及び費用（測量、立ち退き、建物解体など）
⑤ 見込み売却額と譲渡所得税控除後の相続税納税充当可能額

2 売却活動のスケジュール

不動産売却により納税資金を捻出する場合のスケジュールは、概ね図表3-5のとおりです。タイトになることはもちろんですが、序盤で検討、判断すべき事項が多くなります。

3 不動産売却と遺産分割のポイント

不動産の売却が決定した場合には、その不動産を除いた他の財産について遺産分割協議を進めていきます。売買契約の前までにはその売却不動産について相続登記を完了しておくことが必要となりますが、売却額や各相続人の納税額などを考慮しながら売却不動産の

図表 3-5　不動産売却活動のスケジュール

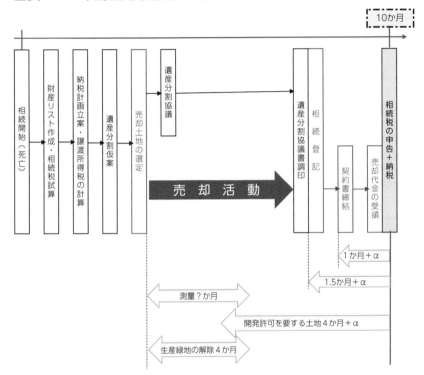

第 1 編　相続税申告のスケジュールに沿った遺産分割の進め方

図表 3-6　実際の遺産分割のイメージ

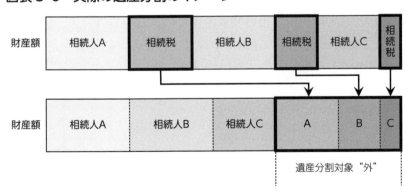

最終的な承継者（＝売却者）や持ち分などを決めることになります。

4　売却活動の開始

売却候補地の測量や不動産業者の選定・資料提供など売却に係る活動を開始します。なお、測量、古家解体や立ち退きが必要な場合には、売却代金の受領に先立ち支出が発生しますので、遺産分割に先立つ相続人らの負担も納税資金計画に織り込む必要があります。

5　序盤での作業

その他序盤で行う作業を教えてください。

1　準確定申告

被相続人が亡くなった年の1月1日から相続開始日までの所得を計算し、必要に応じて所得税及び消費税について準確定申告を行います。特に納付の場合には、相続開始日の翌日から4か月以内に死亡した者の所得税及び復興特別所得税の確定申告書付表（**図表3-7**）を添付して相続人の連名で申告し、相続人が納税まで完了しなければなりません。

図表 3-7　死亡した者の所得税及び復興特別所得税の確定申告書付表

死亡した者の＿＿年分の所得税及び復興特別所得税の確定申告書付表
（兼相続人の代表者指定届出書）

受付印

1 死亡した者の住所・氏名等					
住所	（〒　－　）	氏名	フリガナ	死亡年月日	年　月　日

2 死亡した者の納める税金又は還付される税金	〔第３期分の税額〕	〔還付される税金のときは頭部に△印を付けてください。〕	円…A
3 相続人等の代表者の指定	〔代表者を指定されるときは、右にその代表者の氏名を書いてください。〕	相続人等の代表者の氏名	
4 限定承認の有無	〔相続人等が限定承認をしているときは、右の「限定承認」の文字を○で囲んでください。〕		限定承認

5 相続人等に関する事項				
(1) 住所	（〒　－　）	（〒　－　）	（〒　－　）	（〒　－　）
(2) 氏名（署名）	フリガナ	フリガナ	フリガナ	フリガナ
(3) 個人番号				
(4) 職業及び被相続人との続柄	職業　続柄	職業　続柄	職業　続柄	職業　続柄
(5) 生年月日	明・大・昭・平・令　年　月　日	明・大・昭・平・令　年　月　日	明・大・昭・平・令　年　月　日	明・大・昭・平・令　年　月　日
(6) 電話番号	－　－	－　－	－　－	－　－
(7) 相続分…B	法定・指定	法定・指定	法定・指定	法定・指定
(8) 相続財産の価額	円	円	円	円

6 納める税金等					
Aが黒字のとき	各人の納付税額 A × B 〔各人の100円未満の端数切捨て〕	00円	00円	00円	00円
Aが赤字のとき	各人の還付金額 〔各人の1円未満の端数切捨て〕	円	円	円	円

7 還付される税金の受取場所						
銀行等の預金口座に振込みを希望する場合	銀行名等	銀行 金庫・組合 農協・漁協	銀行 金庫・組合 農協・漁協	銀行 金庫・組合 農協・漁協	銀行 金庫・組合 農協・漁協
	支店名等	本店・支店 出張所 本所・支所	本店・支店 出張所 本所・支所	本店・支店 出張所 本所・支所	本店・支店 出張所 本所・支所
	預金の種類	預金	預金	預金	預金
	口座番号				
ゆうちょ銀行の口座に振込みを希望する場合	貯金口座の記号番号	－	－	－	－
郵便局等の窓口受取りを希望する場合	郵便局名等				

（注）「５ 相続人等に関する事項」以降については、相続を放棄した人は記入の必要はありません。

○この付表は、申告書と一緒に提出してください。

税務署整理欄									
整理番号		0		0		0		0	
番号確認	身元確認		□済 □未済		□済 □未済		□済 □未済		□済 □未済

一連番号

2　税務上の申出書等の提出

　いずれの申出書等も適正な相続税を計算するために、所轄税務署へ提出して一定の回答を求めるものです。回答には時間がかかることから時間的余裕をもって行います。

(1) 贈与税の申告内容の開示請求書（図表 3-8）

　相続税の申告をする者が、他の相続人等が被相続人から受けた
　① 相続開始前 3 年以内の贈与
　② 相続時精算課税制度の適用を受けた贈与
に係る贈与税の課税価格の合計額について開示請求する手続きで、相続人の戸籍謄本などを添付して被相続人の所轄の税務署長へ請求します。相続人間に紛争があり他の相続人への生前贈与が不明な場合、または相続時精算課税を適用していたかが不明な場合などは、この方法により過去の事実状態を確認しないと適正な相続税の計算ができません。

(2) 特定路線価設定申出書（図表 3-9）

　位置指定道路など路線価の設定されていない道路のみに接面している宅地を評価する場合に、特定路線価の設定を求めるための手続きです。

(3) 個別評価申出書（図表 3-10）

　区画整理や再開発が進行中の場合に、路線価図の表示が「個別評価」とされているため、評価の基礎となる価格単価を求めるための手続きです。

図表 3-8　開示請求書

相続税法第49条第1項の規定に基づく開示請求書

令和　　年　　月　　日

_____税務署長

【代理人記入欄】

住　所

氏　名

連絡先

開示請求者	住所又は居所 （所在地）	〒
	連絡先	※連絡先は日中連絡の可能な番号（携帯電話等）を記入してください TEL（　　　－　　　　－　　　　）
	フリガナ	
	氏名又は名称	
	個人番号	
	生年月日	被相続人との続柄

税務署受付印

　私は、相続税法第49条第1項の規定に基づき、下記1の開示対象者が平成15年1月1日以後に下記2の被相続人からの贈与により取得した財産で、当該相続の開始前3年以内に取得したもの又は同法第21条の9第3項の規定を受けたものに係る贈与税の課税価格の合計額について開示の請求をします。

1　開示対象者に関する事項

住所又は居所 （所在地）	
過去の住所等	
フリガナ	
氏名又は名称 （旧姓）	
生年月日	
被相続人との続柄	

2　被相続人に関する事項

住所又は居所	
過去の住所等	
フリガナ	
氏　名	
生年月日	
相続開始年月日	平成・令和　　年　　月　　日

3　承継された者（相続時精算課税選択届出者）に関する事項

住所又は居所	
フリガナ	
氏　名	
生年月日	
相続開始年月日	平成・令和　　年　　月　　日
精算課税適用者である旨の記載	上記の者は、相続時精算課税選択届出書を _____署へ提出しています。

4　開示の請求をする理由（該当する□に✓印を記入してください。）

相続税の□ 期限内申告 □ 期限後申告 □ 修正申告 □ 更正の請求 に必要なため

5　遺産分割に関する事項（該当する□に✓印を記入してください。）

□　相続財産の全部について分割済（遺産分割協議書又は遺言書の写しを添付してください。）
□　相続財産の一部について分割済（遺産分割協議書又は遺言書の写しを添付してください。）
□　相続財産の全部について未分割

6　添付書類等（添付した書類又は該当項目の全ての□に✓印を記入してください。）

□ 遺産分割協議書の写し	□ 戸籍の謄（抄）本	□ 遺言書の写し	□ 住民票の写し

□ その他（　　　　　　　　　　　　　　　　　　　　　　　　　　）
□ 私は、相続時精算課税選択届出書を_____署へ提出しています。

7　開示書の受領方法（希望される□に✓印を記入してください。）

□ 直接受領（交付時に請求者又は代理人であることを確認するものが必要となります。）　□ 送付受領（請求時に返信用切手、封筒及び住民票の写し等が必要となります。）

※　税務署整理欄（記入しないでください。）

番号確認	身元確認	確認書類	個人番号カード ／ 通知カード・運転免許証 その他（　　　　　　　　　　　）	確認者
	□ 済 □ 未済			
委任の確認	開示請求者への確認	（　　・　　）		
	委任状の有無	□ 有　□ 無（　　　　）		

（資4-90-1-A4統一）（令3.6）

図表 3-9　特定路線価設定申出書

		整理簿
		※

平成
令和——年分　特定路線価設定申出書

_____税務署長

令和__年__月__日　申 出 者　住所(所在地)　〒_____
　　　　　　　　　　　　（納税義務者）

　　　　　　　　　　　　氏名(名称)_____

　　　　　　　　　　　　職業(業種)_____電話番号_____

　　相続税等の申告のため、路線価の設定されていない道路のみに接している土地等を
評価する必要があるので、特定路線価の設定について、次のとおり申し出ます。

※印欄は記入しないでください。

1　特定路線価の設定を必要とする理由	□　相続税申告のため（相続開始日_____年__月__日） 被相続人　住所_____ 　　　　　氏名_____ 　　　　　職業_____ □　贈与税申告のため（受贈日_____年__月__日）
2　評価する土地等及び特定線価を設定する道路の所在地、状況等	「別紙　特定路線価により評価する土地等及び特定路線価を設定する道路の所在地、状況等の明細書」のとおり
3　添付資料	(1)　物件案内図（住宅地図の写し） (2)　地形図(公図、実測図の写し) (3)　写真　　撮影日_____年__月__日 (4)　その他
4　連絡先	〒 住　所_____ 氏　名_____ 職　業_____電話番号_____
5　送付先	□　申出者に送付 □　連絡先に送付

＊　□欄には、該当するものにレ点を付してください。

（資９−29−Ａ４統一）

図表3-10　個別評価申出書

	整理簿 ※

平成
令和＿＿＿年分　個 別 評 価 申 出 書

＿＿＿＿＿＿＿＿税務署長

令和＿＿年＿＿月＿＿日　　申 出 者　住所(所在地)＿＿＿＿＿＿＿＿＿＿＿＿＿＿＿
　　　　　　　　　　　　　(納税義務者)

　　　　　　　　　　　　　　　　　氏名(名称)＿＿＿＿＿＿＿＿＿＿＿＿＿

　　　　　　　　　　　　　　　　　職業(業種)＿＿＿＿＿＿＿電話番号＿＿＿＿＿＿＿＿

※印欄は記入しないでください。

　　相続税等の申告のため、財産評価基準書に「個別評価」と表示されている土地等を評価する必要があるので、次のとおり申し出ます。

1　個別評価を必要とする 　　理由	☐　相続税申告のため（相続開始日＿＿＿年＿＿月＿＿日） 　　被相続人 ┌ 住所＿＿＿＿＿＿＿＿＿＿＿＿＿＿＿＿＿ 　　　　　　 │ 氏名＿＿＿＿＿＿＿＿＿＿＿＿＿＿＿＿ 　　　　　　 └ 職業＿＿＿＿＿＿＿ ☐　贈与税申告のため（受贈日＿＿＿年＿＿月＿＿日）
2　個別評価する土地等の 　　所在地、状況等	「別紙1　個別評価により評価する土地等の所在地、状況等の明細書」のとおり
3　添付資料	「別紙2　個別評価申出書添付資料一覧表」のとおり
4　連絡先	〒 住　所＿＿＿＿＿＿＿＿＿＿＿＿＿＿＿＿＿＿＿＿＿＿ 氏　名＿＿＿＿＿＿＿＿＿＿＿＿＿＿＿＿＿＿＿＿＿ 職　業＿＿＿＿＿＿＿＿＿＿電話番号＿＿＿＿＿＿＿＿
5　送付先	☐　申出者に送付 ☐　連絡先に送付

＊　☐欄には、該当するものにレ点を付してください。

3 相続人の青色申告承認申請（図表 3-11）

　所得税の申告につき青色申告の承認を受けていた被相続人の事業を相続により承継した場合において、相続人も青色申告により所得税の申告をしようとする場合には、相続開始日の時期に応じて、それぞれ次の期間内に「青色申告承認申請書」を相続人の所轄税務署に提出します。

　　相続開始日が 1 月 1 日から 8 月 31 日…相続開始日から 4 か月以内
　　　　　　　9 月 1 日から 10 月 31 日…12 月 31 日まで
　　　　　　　10 月 1 日から 12 月 31 日…翌年 2 月 15 日まで

図表 3-11　青色申告承認申請書

税務署受付印

1	0	9	0

所得税の青色申告承認申請書

＿＿＿＿＿＿税務署長

＿＿年＿＿月＿＿日提出

納税地	○住所地・○居所地・○事業所等（該当するものを選択してください。） （〒　　－　　） （TEL　　－　　－　　）
上記以外の住所地・事業所等	納税地以外に住所地・事業所等がある場合は記載します。 （〒　　－　　） （TEL　　－　　－　　）
フリガナ 氏名	
生年月日	○大正 ○昭和 ○平成 ○令和　年　月　日生
職業	
フリガナ 屋号	

令和＿＿年分以後の所得税の申告は、青色申告書によりたいので申請します。

1　事業所又は所得の基因となる資産の名称及びその所在地（事業所又は資産の異なるごとに記載します。）

名称＿＿＿＿＿＿＿＿　所在地＿＿＿＿＿＿＿＿＿＿＿＿

名称＿＿＿＿＿＿＿＿　所在地＿＿＿＿＿＿＿＿＿＿＿＿

2　所得の種類（該当する事項を選択してください。）

○事業所得　・○不動産所得　・○山林所得

3　いままでに青色申告承認の取消しを受けたこと又は取りやめをしたことの有無

(1)　○有（○取消し・○取りやめ）　＿＿年＿＿月＿＿日　(2)　○無

4　本年1月16日以後新たに業務を開始した場合、その開始した年月日　＿＿年＿＿月＿＿日

5　相続による事業承継の有無

(1)　○有　相続開始年月日　＿＿年＿＿月＿＿日　被相続人の氏名＿＿＿＿＿＿＿＿　(2)　○無

6　その他参考事項

(1)　簿記方式（青色申告のための簿記の方法のうち、該当するものを選択してください。）

○複式簿記・○簡易簿記・○その他（　　　　　　）

(2)　備付帳簿名（青色申告のため備付ける帳簿名を選択してください。）

○現金出納帳・○売掛帳・○買掛帳・○経費帳・○固定資産台帳・○預金出納帳・○手形記入帳
○債権債務記入帳・○総勘定元帳・○仕訳帳・○入金伝票・○出金伝票・○振替伝票・○現金式簡易帳簿・○その他

(3)　その他

関与税理士

（TEL　　－　　－　　）

税務署整理欄	整理番号	関係部門連絡	A	B	C		
	0						
	通信日付印の年月日	確認					
	年　月　日						

1 相続開始日から4か月程度までの対応

相続開始後4か月程度の段階までに完了しておくべきことにはどのようなことがありますか？

1 準確定申告の完了

被相続人の所得税及び消費税につき準確定申告及び納税を完了します。

なお、準確定申告が「納付」の場合には相続税計算上の債務として、「還付」の場合には財産として計上し、それぞれ相続税の計算に織り込みます。

2 すべての相続人との連絡

基礎資料を揃える初期、序盤の段階では、相続人代表への説明・連絡・対応などで概ねは進行可能です。相続人が多忙な場合や遠方にいる場合には、面談時間を割くことが難しい場合もあります。

しかし、この段階までには、アドバイザーはすべての相続人と連絡をとっておくことをお勧めします。連絡方法は、手紙や電話、メールなど相続人がとりやすい方法で構いませんのでアドバイザーへの業務依頼の意思を確認しておきます。

これは、相続人単独で行うことができる相続手続もある中で、遺産分割や適正な相続税申告には、それらの事項を織り込む必要があ

るためです。

　具体的理由として、次のようなことが挙げられます。

① 　他の相続人が遺言を保管している場合があること

② 　他の相続人が認知症になっている、亡くなっている場合があること

③ 　他の相続人が単独で相続放棄の手続きをしている場合があること

④ 　他の相続人が他の専門家に依頼し相続手続を進めている場合があること

⑤ 　他の相続人が弁護士に相談し、法律上の手続きを進めている場合があること

⑥ 　他の相続人が税理士に依頼し、別個で相続税申告を予定している場合があること

⑦ 　他の相続人のみが知る被相続人の財産がある場合があること

⑧ 　他の相続人が単独の請求で生命保険金を受け取っている場合があること

⑨ 　他の相続人への生前贈与や特別受益がある場合があること

⑩ 　他の相続人の相続に対する希望がかなり違う場合があること

　他の相続人と連絡をとったうえで、争族となる危険性が感じられる場合には、予定のスケジュールを早めたり、弁護士へ相談したりするなどの対応を検討しなければなりません。

3　相続税の評価及び相続税の計算

　各相続財産の評価及び相続税額の計算をほぼ完了させておきます。今後の遺産分割に応じた各人の相続税額の計算、小規模宅地等の特例や配偶者の税額軽減の効果、二次相続対策なども検討するうえでの基礎となります。

2 税務調査を意識した財産精査

適正な相続税申告に向けて、さらに確認すべきことはありますか？

　相続税の税務調査は、所得税・法人税・消費税等とは異なり、被相続人にとって一生に一度の申告であり、基礎となる財産額や納税額も大きくなります。そのため、このタイミングで税務調査が行われなかった場合には、課税漏れ等について将来にわたり把握されないこととなってしまうため、他の税目よりも税務調査の確率が高いものとなっています。提出された相続税の申告書に対する税務署の審理は、独自に収集した資料等を併せて慎重に行われます。

　そこで、税務調査があった場合に、争点となるであろう次のような事項を確認、精査します。いずれも税務調査があった場合に質問される事項なので、相続人らに聞きにくいところはありますが、言葉を選びつつも確実に確認したいものです。

　まず、財産の精査を行ううえで重要な資料となるのは、過去の通帳の取引履歴による入出金の確認となります。その際に確認すべきものとしては、次のようなものが挙げられます。

1　被相続人の預貯金残高の構成原因

　相続開始時に残る預貯金残高がどのような経緯で構成されたかを、過去の通帳からわかる入出金の事実を前提に、関連資料や相続人らのヒアリングにより確認します（図表 4-1）。

　構成原因としては、被相続人の労働、不動産所得、相続による取得、資金運用などが考えられます。構成原因と通帳履歴の妥当性を照合するためには、初期段階から被相続人の職歴や住所の移転歴、病歴などを意図的にヒアリングしておくとよいでしょう。また、被

相続人が専業主婦のような場合には、被相続人からの生前贈与や名義預貯金の視点からもその構成原因を注意して確認します。

2　多額の支出と他の財産への化体

　過去の通帳履歴の中での支出に着目し、生活費や通院・入院費を超えて多額である場合には、その頻度や大きさを踏まえ、他の財産の購入資金になっていないかなどを確認します。ペイオフに備えて他銀行に口座を開設していた、自宅をリフォームした、生命保険金料の支払いなどといった例があります。必要に応じて購入などした化体財産を評価し、相続税の課税対象財産として計上します。

図表4-1　通帳履歴の確認

日付	被相続人名義 A銀行○○支店 出金	入金	被相続人名義 B銀行■■支店 出金	入金	相続人名義 B銀行■■支店 出金	入金
R3.2.3	300,000					
R3.2.10		200,000	毎月10日に不動産賃料			
R3.2.14	1,000,000			1,000,000		
R3.2.15						
R3.2.25	100,000					250,000
R3.3.4	300,000					
R3.3.9	5,000,000		生活費は月30万			
R3.3.11		200,000		13,000,000	どこから？	
R3.3.16			12,000,000			
R3.3.21	50,000		多額支出：使途			
R3.3.26	100,000		多額支出：使途			250,000
R3.4.2			300,000			
R3.4.4						
R3.4.8	生保への支払		1,500,000			1,500,000
			1,500,000			
R3.4.10		200,000	誰かへの贈与？		生前贈与？申告は？	
R3.4.15						

3　相続人らへのシフト

　2と同様に通帳履歴の中での支出に着目し、相続人らまたは自社の運転・設備投資資金などにシフトしていないかを確認します。相続人らへのヒアリングや通帳、会社帳簿等の提供により、財産シフトの事実が判明した場合には、その理由も確認していきます。

　親族間の生前贈与であれば、3年内贈与加算、過去の贈与税申告の有無や相続時精算課税制度適用の有無の確認をし、または貸し付けや預け金であれば適正額を相続税の課税対象財産として計上し、それぞれ適正に税務申告に反映させていきます。

4　多額の入金

　反対に多額の入金があった場合には、その入金原因を確認します。相続による取得、贈与による取得、その収入を生み出す他の相続財産などが考えられます。

　例えば、地金の売買によるものであることが判明した場合には、相続開始時に地金は残っていないのか、地金売買時には確定申告を行っているかなどの追加確認事項が出てきます。今回の相続税申告に適正に反映させることはもちろん、場合によって所得税や贈与税の期限後申告が必要となる場合も考えられます。

5　相続開始直前の引出し

　いわゆる直前引出について、相続開始時に残っている手許現金相当額を相続人らに確認します。そして、適正、妥当額を相続税の課税対象財産として計上します。

6　特定の相続人の無断引出が疑われる場合

　適正な税務申告とは別の視点でも検討が必要となります。他の相続人が執拗に支出先や使途を追及するような状況であれば、争族への備えとして弁護士にサポートしてもらうなどの対応が必要となる場合があります。

3　名義資産

被相続人以外の名義となっている資産の扱いについて教えてください。

　名義預貯金などの確認は、必然的に相続人らへ踏み込んだ質問となるため、複数回の面談を経て信頼関係を築いた後がよりよいと考えます。また、相続人が複数いる場合には、名義相続人に単独でヒアリングするか、相続人ら全員を前に共通の質問をするかなどといった"聞き方"への配慮が必要になる場合もあります。

1　名義預貯金

(1) 相続税の計算にあたって

　親が子供の名義で預貯金通帳を作成していて、親は子供に自分の財産を贈与した意思をもっていても、子供がその預貯金通帳作成の事実を知らない場合やその事実を知っていても預貯金を自由に出し入れできない場合などには、実質的にはいまだ親にその預貯金が帰属するものと判断され、贈与はなかったものとされます。

　形式的には配偶者や子、孫などの名前で預貯金していますが、実質的にはそれ以外の真の所有者がいて、かつその者から贈与が成立

しているとも認められない場合には、親族の預貯金口座の名義を借りているのに過ぎないものと解釈されます。これを「名義預貯金」といい、税務調査の典型的な確認事項となります。

　名義預貯金であれば依然として被相続人の財産であり、相続税の課税対象財産として計上すべきものとなります。なお、名義預貯金かどうかの判断材料としては次のようなものがありますが、明確に線引きできるようなものではなく、"常識的に"という曖昧な要素が多分に含まれることは否めず、実務上の難しさがあります。

① 預貯金口座の開設時期、実質的な開設者、開設時の名義人の年齢
② 預貯金通帳の管理者・入出金者、利用状況
③ 名義人の通帳の存在、キャッシュカードや暗証番号の認知状況
④ 名義人による入出金の事実、頻度、使途
⑤ 預貯金に関連する印鑑がある場合には印鑑の管理、他者との区別
⑥ 贈与を示す贈与契約書、贈与税申告の有無

(2) 遺産分割協議書への記載

　総合的に判断して名義預貯金であると判断した場合には、既に配偶者や子どもの名義であっても、依然として被相続人の相続財産となりますから、相続税並びに遺産分割の対象となります。この場合には、税務申告の観点から名義預貯金である旨を付して遺産分割協議書へ記載し、相続税申告書第11表と対応するようにしたほうがよいでしょう。

遺産分割協議書

1．A銀行の口座預金（相続人甲名義）は相続人甲が取得する。

相続人甲	（住所）	
	（署名）	実印
相続人乙	（住所）	
	（署名）	実印

　反対に、被相続人名義の預貯金であっても、他者の名義預貯金と判断される場合には、相続財産とはならず、課税対象にも遺産分割の対象にもなりません。

(3) 相続手続にあたって

　名義預貯金として遺産分割を行った場合には、後日の混乱を避けるため、その後承継者と名義人を一致させておくことをお勧めします。

　例えば、被相続人が名義預貯金と判断される孫B名義の預貯金口座を開設していた場合において、その口座を子Aが承継する場合には、この一連の相続手続の中で速やかにその名義預貯金を解約または換金して、承継者である子Aの名義に変更し、かつ子Aの管理下におくことが望ましいと考えられます。

(4) 名義預貯金等の申告除外と重加算税

　税金計算の基礎となる事実について、いわゆる仮装・隠蔽があった場合には「重加算税」が賦課される場合があります。仮装・隠蔽とは、「相続人が、その取得した財産について、例えば、被相続人の名義以外の名義、架空名義、無記名であったこと若しくは遠隔地

にあったこと又は架空の債務がつくられてあったこと等を認識し、その状態を利用して、これを課税財産として申告していないこと又は債務として申告していること。」と定義されています。

これによれば、「被相続人以外の名義」の財産が被相続人の財産であることを相続人が認識したうえで申告除外とした場合には、重加算税の対象となるものと考えられます。名義預貯金または贈与の判断にあたっては、慎重に行い、適正な税務申告を心がけたいところです。

2　名義株式

会社における株主名簿上の名義とその株式の実質上の株式引受人が一致していない株式を「名義株式」いいます。以前は、株式会社を設立する場合には発起人7名以上と、1株以上の引受けによる募集設立という方法で多くの会社が設立されていたため、親戚・知人などには実際の拠出を要求せずに、名義を借りているだけというケースが多く見受けられました。

このような名義株式は、出資した「真実の株主」においてその相続財産に含めることとなりますが、被相続人の相続財産として計上していく場合には、次の2つが考えられます。

(1)　真実の株主として被相続人が出資している場合

出資先関係者と連絡をとり、かつての出資状況や配当金受領の有無などを確認し、さらに株価計算をするために必要な書類や株価に関する情報を提供してもらったうえで、真実の株主として被相続人の相続税の課税対象財産として計上します。

（2）被相続人が会社経営に関わっていて、被相続人が名義を借りている場合

　法人が管理する株主名簿、原始定款や毎年の法人税申告書別表二（次ページ**図表 4-2**）を参考に株主を把握し、被相続人が真実の株主であって他者の記載は出資を伴わない名義を借りているだけのものと判断できる場合には、その名義株式を含めて被相続人の相続税の課税対象財産として計上します。

　いずれの場合も、被相続人が亡くなった後に設立当時の様子を知らない相続人らが出資先へ連絡したり、その当時の状況を踏まえ名義株式の判断をすることは通常は困難であることから、本来であれば事情を知る被相続人本人が生前に整理しておくものといえるでしょう。

　さらに、名義株式については、その株式の買い取りなどでその法人関係者との間で争いになることも懸念されますので、書面確認をしておくなどの対策が併せて必要になると考えられます。

図表 4-2　法人税申告書別表二

別表二　令四・四・一以後終了事業年度又は連結事業年度分

同族会社等の判定に関する明細書

事業年度又は連結事業年度	・　・	法人名	○○○○ 株式会社

同族会社の判定

期末現在の発行済株式の総数又は出資の総額	1	内	80,000
(19)と(21)の上位3順位の株式数又は出資の金額	2		70,400
株式数等による判定 (2)/(1)	3		88 %
期末現在の議決権の総数	4	内	
(20)と(22)の上位3順位の議決権の数	5		0
議決権の数による判定 (5)/(4)	6		0.000 %
期末現在の社員の総数	7		
社員の3人以下及びこれらの同族関係者の合計人数のうち最も多い数	8		
社員の数による判定 (8)/(7)	9		0 %
同族会社の判定割合 ((3)、(6)又は(9)のうち最も高い割合)	10		88,000

特定同族会社の判定

(21)の上位1順位の株式数又は出資の金額	11	0
株式数等による判定 (11)/(1)	12	0 %
(22)の上位1順位の議決権の数	13	0
議決権の数による判定 (13)/(4)	14	%
(21)の社員の1人及びその同族関係者の合計人数のうち最も多い数	15	
社員の数による判定 (15)/(7)	16	0 %
特定同族会社の判定割合 ((12)、(14)又は(16)のうち最も高い割合)	17	0
判定結果	18	特定同族会社／同族〇会社／非同族会社

判定基準となる株主等の株式数等の明細

順位 株式数等	順位 議決権数	判定基準となる株主(社員)及び同族関係者 住所又は所在地	氏名又は法人名	判定基準となる株主等との続柄	被支配会社でない法人株主等 株式数又は出資の金額 19	被支配会社でない法人株主等 議決権の数 20	その他の株主等 株式数又は出資の金額 21	その他の株主等 議決権の数 22
1			法令 太郎	本人			24,400	
1			法令 一郎	長男			17,200	
2			茨木 健太	本人			18,000	
3			島本 和男	本人			10,800	

4 遺産分割協議書作成のタイミング

遺産分割協議書はすべての協議が調った後でなければ作成できないのでしょうか？

　1人の被相続人に係る遺産分割協議は、1回限りである必要はありません。必要に応じて複数回の遺産分割協議が可能であることを共通認識とし、臨機応変に対応することで全体としてスムーズな相続手続が可能となります。

　ただし、税務的な視点として、一度協議書に記載して承継人が決定された財産について、他の相続人が取得したとする遺産分割の変更（再分割）は、当初承継者から変更承継者への贈与とみなされ、贈与税が課税される可能性があります。

　したがって、事実上再分割は困難であり、署名押印する際は最終決定となるという認識のうえ慎重に協議してください。

　なお、段階的に遺産分割を行う例としては、次のような場合が挙げられます。

① 相続人の生活資金が被相続人名義の口座にあり、凍結されている場合
② 被相続人負担の支払いがあり、相続人固有の預貯金では支払えない場合
③ 自社株式について経営などの観点から承継者を先決した場合
④ 不動産売却等にあたり、売却に先立ち古家解体や測量を行うための支出がある場合
⑤ （早期に）不動産の売却が決まり、売買契約書を締結する必要がある場合
⑥ 納税猶予の手続きのために関連機関に遺産分割協議書を提出する必要がある場合

5 相続開始後の節税対策

相続が開始した後でもできる節税対策があれば教えてください。

相続に関する各種対策は"生前"が中心であり、節税についても相続開始後の"事後"にできることには限界があります。ただし、中期的視点に立った場合、次の相続対策は「相続からスタートする」と考えてよいでしょう。

今回の相続での遺産分割協議を進めるうえで、節税的な視点から検討したい事項としては、次のようなものがあります。

1 土地評価にあたって「評価単位」を検討すること

相続税計算上の土地評価は、「評価単位」を定めることからスタートします。評価単位とは、物理的に連続する土地について、一定のルールに従って1つの単位を決めることをいい、これにより間口や奥行、地積などのその土地の評価要素が決まっていきます。

宅地については、利用の単位となっている1区画をもって1評価単位とすることが原則とされており、これを「利用単位ごとの評価」といいます。しかし、例外的に相続人間の遺産分割協議によって利用単位とは異なるかたちで取得者が決まった場合には、その取得した宅地ごとに評価することとされており、これを「取得者単位ごとの評価」といいます。

つまり、遺産分割協議において取得者単位ごとの評価を考慮すれば、必然的に土地の評価要素が異なることから、土地の相続税評価額が変わり、相続税額にも大小が生じることとなります。

図表 4-3　宅地の評価単位

2　小規模宅地等の特例の適用者を検討すること

　小規模宅地等の特例は、多くの相続において適用可能で、節税効果も大きいものです。特に地主相続の場合には、同一の相続において複数の相続人がこの特例の適用要件を充足している場合も多く見受けられますが、この場合には限度面積まで誰がこの特例の適用を受けるかを相続人間で決めていくこととなります。また、相続人間で合意すること自体がこの特例の1つの適用要件ともなっています。

　この特例を適用する相続人等並びに適用する宅地及びその面積を今後どの相続人がどう使っていくのかといった中期的視点を持ったうえで、遺産分割協議ではその持ち分などを、税務申告では配偶者の税額軽減、納税資金などとの兼ね合いを検討していくこととなります。有利不利を判断するためには、複数のパターンを想定し、相続税試算を繰り返し行う必要があります。

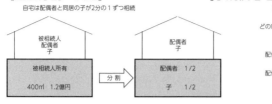

【遺産分割の決定】

自宅は配偶者と同居の子が2分の1ずつ相続

被相続人
配偶者
子

被相続人所有
400㎡ 1.2億円

→ 分割 →

配偶者
子

配偶者 1/2
子 1/2

【小規模宅地特例についての検討事項】

2人以上に小規模特例の適用OK
↓
どの親族が特例を受けるかは納税者の自由
（ただし、親族間の合意が必要）
↓
配偶者は別途「配偶者軽減特例」あり
↓
配偶者軽減でも納税額の圧縮ができる
↓
小規模特例はその他の親族から

配偶者・子に均等に適用			小規模適用者	子に優先適用		
子	配偶者	合計		合計	配偶者	子
6,000万円	6,000万円	1.2億円	自宅敷地価格	1.2億円	6,000万円	6,000万円
165㎡分に適用 −3,960万円	165㎡分に適用 −3,960万円	−7,920万円	小規模宅地特例 (330㎡まで80%減)	−7,920万円	残りの130㎡分 −3,120万円	200㎡を優先適用 −4,800万円
3,960万円	6,960万円	1億920万円	その他の財産	1億920万円	6,960万円	3,960万円
6,000万円	9,000万円	1.5億円	課税価格	1.5億円	9,840万円	5,160万円
		1,840万円	相続税の総額	1,840万円		
0.400	0.600	1.00	あん分割合	1.00	0.656	0.344
736万円	1,104万円	1,840万円	各人の税額	1,840万円	1,207万円	633万円
−	−1,104万円	−1,104万円	配偶者の税額軽減	−1,207万円	−1,207万円	−
736万円	0万円	736万円	納付税額	633万円	0万円	633万円

3 二次相続における相続税とトータルでの相続税を検討すること

　配偶者には配偶者の税額軽減の特例があり、法定相続分または1億6,000万円までの承継財産に対しては相続税がかかりません。しかし、配偶者が承継した財産は、二次相続において配偶者自身の固有財産と併せ、さらに法定相続人が1人少なくなった基礎控除額での相続税がかかります。一次相続における配偶者の税額軽減効果は二次相続の相続税と裏腹の関係にあるといえます。このことを踏まえ、二次相続における相続税との合計額が少なくなるよう一次相続における遺産分割を考慮するものです。

　このためには、試算の前提として、配偶者固有の財産も確認していくことが必要となります。

　この他にも、養子縁組している孫養子がある場合には、一次相続における2割加算と世代飛ばし効果による複数回にわたるトータルでの相続税額の有利不利を検討していくこととなります。

図表 4-4　相続税額表

【一次相続（配偶者1／2相続）】

相続人 課税価格	配偶者と 子 1 人	配偶者と 子 2 人	配偶者と 子 3 人
5,000万円	40万円	10万円	0 円
8,000万円	235万円	175万円	137万円
1 億 円	385万円	315万円	262万円
1 億5,000万円	920万円	748万円	665万円
2 億 円	1,670万円	1,350万円	1,217万円
2 億5,000万円	2,460万円	1,985万円	1,800万円
3 億 円	3,460万円	2,860万円	2,540万円
4 億 円	5,460万円	4,610万円	4,155万円
5 億 円	7,605万円	6,555万円	5,962万円
8 億 円	1億4,750万円	1億3,120万円	1億2,135万円

【二次相続】

相続人 課税価格	子 1 人	子 2 人	子 3 人
5,000万円	160万円	80万円	20 円
8,000万円	680万円	470万円	330万円
1 億 円	1,220万円	770万円	630万円
1 億5,000万円	2,860万円	1,840万円	1,440万円
2 億 円	4,860万円	3,340万円	2,460万円
2 億5,000万円	6,930万円	4,920万円	3,960万円
3 億 円	9,180万円	6,920万円	5,460万円
4 億 円	1億4,000万円	1億 920万円	8,980万円
5 億 円	1億9,000万円	1億5,210万円	1億2,980万円
8 億 円	3億4,820万円	2億9,500万円	2億5,740万円

4　配偶者居住権の活用

　先般の民法改正により、配偶者居住権が創設されました。配偶者居住権とは、被相続人名義の自宅不動産を、「自宅不動産の所有権」と「配偶者が亡くなるまでその不動産に無償で居住する権利（配偶者居住権）」とに分けて相続できる制度です。これにより、配偶者の今後の生活に配慮した柔軟な遺言や遺産分割が可能となりました。

　一次相続において配偶者居住権が設定され、その後その配偶者が亡くなった二次相続では配偶者居住権は"消滅"します。その消滅の反射的効果として配偶者居住権付きという負担がなくなり、土地建物等の財産評価額が増加するとも考えられますが、これは消滅であって相続による財産移転ではないと解釈されており、課税関係は発生しません。結果として、自宅が子世代に移転する中で、配偶者居住権相当額には課税がないこととなります。

第 1 編　相続税申告のスケジュールに沿った遺産分割の進め方

図表 4-5　配偶者居住権の活用による節税効果

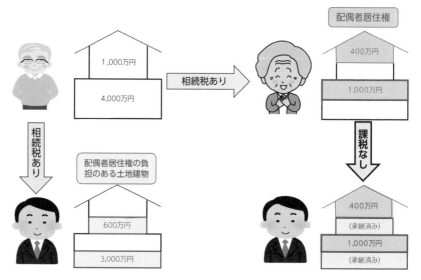

※二次相続の際、配偶者居住権（土地 1,000 万円、家屋 400 万円）には課税なし

1 相続税申告のための遺産分割協議書の作成

遺産分割協議書の作成にあたって、相続税申告の
観点から注意することはありますか？

　相続開始日から10か月に到来する相続税の申告期限は、一連の
相続手続の中で1つの区切りといえます。ここまで相続人の確定及
び財産リストの作成からスタートし、相続人間における遺産分割協
議に時間を割き、相続人間の話し合いがまとまった場合に作成する
書面が「遺産分割協議書」です。

　遺産分割協議書は、相続人間の話し合いの結果としての合意事項
を記載した書面ですが、遺言とは違い厳格な書式が決まっているわ
けではありません。それがゆえに実務上は、その後の相続税申告や
相続手続の観点から書き方の"注意点"や"工夫"といったものが
出てきます（詳細は本書第2編を参照）。

　相続税申告の観点からは、次のような注意点が挙げられます。

1　相続税申告書第11表（図表5-1）との対応

　相続税申告書第11表は、相続税申告書の中で「財産リスト」に
相当するもので、財産の種類や相続税評価額の他、その財産の承継
者などを網羅的に記載します。そのため、遺産分割協議書と第11
表の記載事項を確認し、財産の記載漏れがないか、承継者に誤りが
ないか、矛盾がないかなどを確認しながら両書面を作成します。

図表 5-1　相続税申告書第 11 表記載例

遺産の全部又は一部について分割がされている場合には、分割の日を記入してください。

遺産の分割の状況に応じて該当する数字に〇を付けてください。

相続税がかかる財産の明細書
（相続時精算課税適用財産を除きます。）

被相続人　国税 太郎

第11表（令和2年4月分以降用）

この表は、相続や遺贈によって取得した財産及び相続や遺贈によって取得したものとみなされる財産のうち、相続税のかかるものについての明細を記入します。

〇相続時精算課税適用財産の明細については、この表によらず第11の2表に記載します。

各欄の記入に当たっては、107ページ「申告書第11表の取得した財産の種類、細目、利用区分、銘柄等の記載要領」によります。

遺産の分割状況	区　分	① 全 部 分 割	2 一 部 分 割	3 全 部 未 分 割
	分 割 の 日	4 ・ 8 ・ 16	・　・	・　・

財　産　の　明　細						分割が確定した財産	
種類	細目	利用区分、銘柄等	所在場所等	数量 固定資産税評価額 単価 倍数	価額	取得した人の氏名	取得財産の価額
土地	宅地	自用地（居住用）	春日部市〇〇〇3丁目5番16号	165.00㎡ 円 （11-11の2表の付表1のとおり）円	円 12,870,000	国税 花子	（持分1・2）円 6,435,000
						国税 一郎	（持分1・2）6,435,000
土地	宅地	貸家建付地	春日部市〇〇〇3丁目5番17号	150.00㎡ （11-11の2表の付表1のとおり）	30,810,000	国税 花子	30,810,000
土地	宅地	貸家建付地	文京区〇〇1丁目3番5号	150.00㎡ 236,340	35,451,000	国税 花子	35,451,000
土地	宅地	自用地（未利用地）	春日部市〇〇〇2丁目3番4号	150.00㎡ 280,000	42,000,000	国税 花子	（持分2・3）28,000,000
						税務 幸子	（持分1・3）14,000,000
土地	宅地	貸家建付地	春日部市〇〇〇1丁目1番	1,125.00㎡ 237,500 持分 6,144/192,000	8,550,000	税務 幸子	8,550,000
		（小計）			（129,681,000）		
土地	山林	普通山林	〇〇県〇〇郡〇〇町〇〇13番2	30,000.00㎡ 241.140 15	3,617,100	国税 一郎	3,617,100
		（小計）			（3,617,100）		
		〔計〕			〔133,298,100〕		
家屋等	家屋等	自用家屋（鉄コ2-居宅）	春日部市〇〇〇3丁目5番16号	120.00㎡ 3,874,960 1.0	3,874,960	国税 花子	3,874,960
家屋等	家屋等	貸家（鉄コ2-店舗）	春日部市〇〇〇3丁目5番17号	93.00㎡ 3,389,270 0.7	2,372,489	国税 花子	2,372,489
家屋等	家屋等	貸家（鉄コ3-店舗）	文京区〇〇1丁目3番5号	184.50㎡ 8,548,002 0.7	5,983,601	国税 花子	5,983,601
家屋等	家屋等	貸家（鉄コ10-居宅）	春日部市〇〇〇1丁目1番(101号)	72.50㎡ 17,207,000 0.7	12,044,900	税務 幸子	12,044,900

（参考）
特定土地等及び特定株式等に係る相続税の課税価格の計算の特例（租税特別措置法第69条の6）の適用を受ける場合は、その「財産の明細」欄の「所在場所等」に「措置法第69条の6第1項適用」と付記します。

合計表	財産を取得した人の氏名	(各人の合計)					
	分割財産の価額 ①	円	円	円	円	円	円
	未分割財産の価額 ②						
	各人の取得財産の価額 （①＋②） ③						

（注）1　「合計表」の各人の③欄の金額を第1表のその人の「取得財産の価額①」欄に転記します。
　　　2　「財産の明細」欄の「価額」欄は、財産の細目、種類ごとに小計及び計を付し、最後に合計を付して、それらの金額を第15表の①から⑪までの該当欄に転記します。

第11表(令4.7)

(資4-20-12-1-A4統一)

相続税がかかる財産の明細書

（相続時精算課税適用財産を除きます。）

被相続人	国税 太郎

第11表（令和２年４月分以降用）

○相続時精算課税適用財産の明細については、この表によらず第11の２表に記載します。

この表は、相続や遺贈によって取得した財産及び相続や遺贈によって取得したものとみなされる財産のうち、相続税のかかるものについての明細を記入します。

遺産の分割状況	区　分	1 全部分割	2 一部分割	3 全部未分割
	分割の日	・　・	・　・	

財　産　の　明　細						分割が確定した財産		
種類	細目	利用区分、銘柄等	所在場所等	数量 固定資産税評価額 / 単価 倍数		価額	取得した人の氏名	取得財産の価額
〔計〕				円	円	〔24,275,950〕 円		円
有価証券	特定同族会社の株式（配当還元方式）	㈱○○	春日部市○○ 3丁目×番×号	1,000株	50	50,000	国税 花子	50,000
	（小計）					（50,000）		
有価証券	特定同族会社の株式（その他の方式）	○○商事㈱	文京区○○ 1丁目3番5号	5,000株	13,800	69,000,000	国税 花子	69,000,000
	（小計）					（69,000,000）		
有価証券	上記以外の株式	○○建設㈱	△△証券 春日部支店	10,000株	783 （東証）	7,830,000	国税 花子	7,830,000
有価証券	上記以外の株式	○○石油㈱	△△証券 春日部支店	5,000株	719 （東証）	3,595,000	国税 一郎	3,595,000
有価証券	上記以外の株式	○○電鉄㈱	△△証券 春日部支店	10,000株	556 （東証）	5,560,000	国税 一郎	5,560,000
有価証券	上記以外の株式	○○電力㈱	△△証券 春日部支店	5,000株	2,820 （名証）	14,100,000	税務 幸子	14,100,000
	（小計）					（31,085,000）		
有価証券	公債	10年利付国債 第×××回	△△証券 春日部支店			3,158,700	税務 幸子	3,158,700
有価証券	社債	一般事業債○○ 第×回第×号	△△証券 春日部支店			3,432,000	税務 幸子	3,432,000
	（小計）					（6,590,700）		
有価証券	証券投資信託の受益証券	○○投資 ○○ファンド	△△証券 春日部支店	200口	8,310	1,662,000	税務 幸子	1,662,000
有価証券	貸付信託の受益証券	○○信託銀行 貸付信託○号 ○○回	○○信託銀行 △△支店			5,240,700	国税 一郎	5,240,700

合計表	財産を取得した人の氏名		（各人の合計）						
	分割財産の価額 ①		円	円	円	円	円	円	
	未分割財産の価額 ②								
	各人の取得財産の価額（①＋②）③								

（注）1 「合計表」の各人の③欄の金額を第１表のその人の「取得財産の価額①」欄に転記します。
　　　2 「財産の明細」の「価額」欄は、財産の細目、種類ごとに小計及び計を付し、最後に合計を付して、それらの金額を第15表の①から⑪までの該当欄に転記します。

第11表（令4.7）

（資4-20-12-1-A4統一）

相続税がかかる財産の明細書

（相続時精算課税適用財産を除きます。）

被相続人 **国税 太郎**

○相続時精算課税適用財産の明細については、この表によらず第11の2表に記載します。

この表は、相続や遺贈によって取得した財産及び相続や遺贈によって取得したものとみなされる財産のうち、相続税のかかるものについての明細を記入します。

遺産の分割状況	区 分	1 全 部 分 割	2 一 部 分 割	3 全 部 未 分 割
	分 割 の 日	・ ・	・ ・	・ ・

財 産 の 明 細							分割が確定した財産	
種 類	細 目	利用区分、銘柄等	所在場所等	数 量 固定資産税評価額	単 価 倍 数	価 額	取得した人の氏 名	取得財産の価 額
		（小計）			円	円 （6,902,700）		円
〔計〕						〔113,628,400〕		
現金預貯金等	現金預貯金等	現金	春日部市○○○3丁目5番16号			450,000	国税 花子	450,000
現金預貯金等	現金預貯金等	普通預金	○○銀行○○支店			2,344,900	国税 花子	2,344,900
現金預貯金等	現金預貯金等	定期預金	○○銀行○○支店			38,113,910	国税 一郎	38,113,910
現金預貯金等	現金預貯金等	定期預金	○○銀行○○支店			21,609,700	国税 花子	21,609,700
現金預貯金等	現金預貯金等	普通預金	××銀行××支店			3,676,701	国税 一郎	3,676,701
現金預貯金等	現金預貯金等	定期預金	××銀行××支店			31,084,132	税務 幸子	31,084,132
現金預貯金等	現金預貯金等	普通預金	Bank of ○○×× Branch	$20,800	105	2,184,000	国税 花子	2,184,000
〔計〕						〔99,463,343〕		
家庭用財産	家庭用財産	家具等一式	春日部市○○○3丁目5番16号			2,500,000	国税 花子	2,500,000
〔計〕						〔2,500,000〕		
その他の財産	生命保険金等					35,750,657	国税 一郎	35,750,657
その他の財産	生命保険金等					24,646,951	税務 幸子	24,646,951
		（小計）				（60,397,608）		

合計表	財産を取得した人の氏名	（各人の合計）						
	分割財産の価額 ①	円	円	円	円	円	円	
	未分割財産の価額 ②							
	各人の取得財産の価額（①＋②） ③							

（注） 1 「合計表」の各人の③欄の金額を第1表のその人の「取得財産の価額①」欄に転記します。
2 「財産の明細」の「価額」欄は、財産の細目、種類ごとに小計及び計を付し、最後に合計を付して、それらの金額を第15表の①から㉝までの該当欄に転記します。

第11表（令4.7）

（資4−20−12−1−A4統一）

70

相続税がかかる財産の明細書

（ 相 続 時 精 算 課 税 適 用 財 産 を 除 き ま す 。）

被相続人	国税 太郎

第11表 （令和２年４月分以降用）

この表は、相続や遺贈によって取得した財産及び相続や遺贈によって取得したものとみなされる財産のうち、相続税のかかるものについての明細を記入します。

遺産の分割状況	区　　分	1　全　部　分　割	2　一　部　分　割	3　全　部　未　分　割
	分　割　の　日	・　・	・　・	・　・

財　産　の　明　細							分割が確定した財産		
種　類	細　目	利用区分、銘柄等	所在場所等	数　量 固定資産税評価額	単　価 倍　数	価　額	取得した人の氏名	取得財産の価額	
その他の財産	退職手当金等				円	円 30,000,000	国税 花子	円 30,000,000	
	（小計）					(30,000,000)			
その他の財産	立木	ひのき 65年生	○○県○○郡 ○○町○○13番2	3ha 0.85	1,011,000	2,578,050	国税 一郎	2,578,050	
	（小計）					(2,578,050)			
その他の財産	その他	ゴルフ会員権 (○○カントリークラブ)	春日部市○○○ 3丁目5番16号			24,500,000	国税 一郎	24,500,000	
その他の財産	その他	未収家賃 (○○商事㈱)	文京区○○ 1丁目3番5号			538,350	国税 花子	538,350	
その他の財産	その他	絵画 (○○作×大他)	春日部市○○○ 3丁目5番16号	3点 (別紙のとおり)		7,212,350	国税 花子	7,212,350	
	（小計）					(32,250,700)			
〔計〕						〔125,226,358〕			
〔合計〕						〔498,392,151〕			

合計表	財産を取得した人の氏名	（各人の合計）	国税 花子	国税 一郎	税務 幸子		
	分割財産の価額 ①	円 498,392,151	円 256,646,350	円 129,067,118	円 112,678,683	円	円
	未分割財産の価額 ②						
	各人の取得財産の価額 （①＋②）	498,392,151	256,646,350	129,067,118	112,678,683		

（注）1　「合計表」の各人の③欄の金額を第1表のその人の「取得財産の価額①」欄に転記します。
　　　2　「財産の明細」の「価額」欄は、財産の細目、種類ごとに小計及び計を付し、最後に合計を付して、それらの金額を第15表の①から⑳までの該当欄に転記します。

第11表(令4.7)　　　　　　　　　　　　　　　　　　　　　　　　　（資４−20−12−１−Ａ４統一）

左側の注記：

○ 相続時精算課税適用財産の明細については、この表によらず第11の2表に記載します。

相続人及び包括受遺者の取得した立木については、時価の85％相当額で評価することとなっていますので、この欄に0.85と記入します。
なお、「特定計画山林の特例」の適用を受ける場合には、時価の85％相当額で評価した価額を第11・11の2表の付表4の1の①に記入します。

（参考）

代償財産の書き方
・「種類」欄には「その他の財産」と記入します。
・「細目」欄には「代償財産」と記入します。
・「利用区分、銘柄等」欄には他の財産と同様に記入します。
・「価額」欄には、その財産の価額を負数と正数で2段書きします。例えば510万円の財産の場合は、「△5,100,000　5,100,000」と記入します。

未分割財産の価額の合計額を各相続人が相続分（寄与分を除く。）に応じて取得するとした場合に計算される金額を記入します。

2　軽微・少額な財産の記載

　上述のように、税務申告の観点からは、遺産分割協議書と第11表とはそれぞれ矛盾がないように作成していきます。また、家具等一式、介護保険料還付金、所得税還付金など相続人間の遺産分割協議ではさほど俎上にあがらない軽微・少額な財産であっても相続税の課税対象となることから、第11表へ記載することはもちろん、遺産分割協議書にも齟齬のないように記載する必要があります。

　遺産分割協議書の作成にあたっては、これら軽微・少額な財産をすべて記載することも1つの方法ですが、書面作成の簡便性、記載漏れ防止の観点ならびに理屈ではすべての財産を記載しきることは困難とも考えられるため、「その他すべての財産は相続人○○○○が取得する」などの包括的な一文を記載する方法もあり、実務上は効率的な記載方法として多く見受けられます。

遺産分割協議書

1　下記財産は相続人○○○○が取得する。
　(1)　家具等一式
　(2)　介護保険還付金
　(3)　所得税還付金
　(4)　・・・・・・
　(5)　・・・・・・

遺産分割協議書

1　上記の記載のないその他の財産は○○○○が取得する。

　ただし、後日記載漏れが発覚した場合や、税務調査にて追加して相続財産に計上すべきと指摘を受けた場合には、「その他すべての

財産は相続人○○○○が取得する」の一文により、取得者が自動的に決まってしまうこととなり、その財産が想定外に多額の場合には遺産分割の根幹に影響を及ぼしかねません。そのため、その後の財産発見の可能性や相続人間の遺産分割に対する意識を考慮し、場合によってはあえて軽微・少額な財産をすべて列挙する記載方法とすることも一考です。包括的な一文がない場合には、新たな相続財産が判明した段階において、追加でその財産についての遺産分割協議を行い、追加財産についての遺産分割協議書を作成することとなります。

3　代償債権債務

遺産分割協議において代償分割を活用して、調整を行うことは多くの場面で見受けられますし、実際使い勝手のよい分割方法です。代償債権債務を記載した遺産分割協議書に署名押印し、相続人代表が預貯金の解約などの一連の相続手続を終えた後に、他の相続人に代償金を支払うのが一般的です。相続人全員が集まって金融機関で手続きをする必要がなく、事務の簡便化を図ることもできます。

(1) 遺産分割協議書への明記

税務申告の視点からは、代償金がある場合には明確に遺産分割協議書にその旨を明記しておくことがポイントとなります。代償債権債務の記載がない場合において、相続人間の金銭のやりとりが贈与と判定され、贈与税が課される可能性があるためです。

当然ながら、代償債権債務を遺産分割協議書に記載した場合には、遅滞なく、代償金の支払いを行うこともポイントです。

> **遺産分割協議書**
>
> 1　代償債権債務
> 　相続人○○○○は、上記財産を取得する代償として、相続人●●●
> ●に金×××万円を支払う。

(2) 相続税を特定の相続人が支払う場合

　いわゆる本家相続とか長男相続といわれる相続では、特定の相続人が多額の財産を承継する代わりに、「相続税は本家が払うから・・・」と、他の相続人は少額の財産承継にて遺産分割協議がまとまる場合があります。この場合であっても、相続税の納税義務者は財産を取得した各個人であり、本来他の相続人に納税義務がある相続税を本家が負担することは贈与であり、贈与税が課される可能性があります。

　したがって、このような場合には、遺産分割協議書にて本家相続人と他の相続人との代償債権債務として扱い、明確にしておくことがポイントです。

> **遺産分割協議書**
>
> 1　代償債権債務
> 　相続人○○○○は、上記財産を取得する代償として、相続人●●●
> ●に相続税相当額を支払う。

(3) 相続人らで立替え分の精算を行う場合

　相続は葬式費用をはじめ、遺産分割協議に先行して発生する支出があり、特定の相続人がとりあえず立替え払いしている場合があります。葬儀費用の他には、入院費用、固定資産税や売却時の測量

費、建物解体費用などがその代表例です。

　この立替え分について、遺産分割協議において決定した代償債権の一部と相殺の方法により精算する場合があります。そのため、遺産分割協議書に記載された代償債権債務の額と相続人間における金銭授受の額に、立替え分の精算による差額が発生する場合には、代償債権額と金銭授受額との差額を埋める「精算書」を作成しておくことをお勧めします。なぜなら、後日、差額分を贈与とされないため、また、当事者間の備忘記録とするためです。

遺産分割協議書

2　代償債権債務

　相続人甲は、上記財産を取得する代償として、相続人乙に金 1,000 万円を支払う。

精　算　書

令和○年○月○日

代償金額		10,000,000 円
葬式費用	3,000,000 円のうち負担額	▲ 1,500,000 円
固定資産税	1,600,000 円のうち負担額	▲　 800,000 円
	乙への差引振込額	7,700,000 円

2　名義変更手続のための遺産分割協議書の作成

遺産分割協議書の作成にあたって名義変更手続の観点からの工夫はありますか？

　遺産分割協議書は相続人間の合意があることを前提に作成しますが、その作成にあたっては、分割内容に齟齬がない限り、同時に複

数枚を作成しても構いません。

　実務上は相続手続のために、次のように複数枚の作成も一考です。

例1

遺産分割協議書

1　A銀行及びB銀行の預金口座は相続人甲が取得する。

　　　　　　相続人甲　　　（住所）
　　　　　　　　　　　　　（署名）　　　　　　実印
　　　　　　相続人乙　　　（住所）
　　　　　　　　　　　　　（署名）　　　　　　実印

例2

遺産分割協議書

1　A銀行の口座預金は相続人甲が取得する。
2　B銀行の口座預金は相続人乙が取得する。

　　　　　　相続人甲　　　（住所）
　　　　　　　　　　　　　（署名）　　　　　　実印
　　　　　　相続人乙　　　（住所）
　　　　　　　　　　　　　（署名）　　　　　　実印

　税務申告に添付する遺産分割協議書には、上記のようにすべての財産を包括し、網羅していきます。しかし、相続手続の視点からは、包括的な遺産分割では被相続人及び相続人の財産という極めて個人的な情報が、各名義変更手続を行う先以外の者の目に触れてしまうこととなります。

　上記の例1では、解約手続をする際に、相続人甲はA銀行及びB銀行に口座があることが知られてしまいます。

　上記の例2では、A銀行の解約手続をするために、相続人甲がA銀行に提示した遺産分割協議書によって、B銀行にも預金があることや相続人乙が取得したことが知られてしまいます。

　このような場合には、A銀行提出用、B銀行提出用や不動産登記用というように"名義変更手続用"に提出先ごと遺産分割協議書を作成することもできます。ひと手間にはなりますが、必要以上の情報開示を避けるための工夫となります。

例1：A銀行提出用

遺産分割協議書

1　A銀行の預金口座は相続人甲が取得する。

       相続人甲　　　（住所）
               （署名）　　　　　　実印
       相続人乙　　　（住所）
               （署名）　　　　　　実印

例1：B銀行提出用

遺産分割協議書

1　B銀行の預金口座は相続人甲が取得する。

       相続人甲　　　（住所）
               （署名）　　　　　　実印
       相続人乙　　　（住所）
               （署名）　　　　　　実印

---

3 節税的視点からの遺産分割協議書の作成

遺産分割協議書の作成にあたって節税の観点から
注意することはありますか？

相続における一連の流れの中で、相続した財産を売却換価する場合には、その売却換価につき「譲渡所得税」がかかることとなります。譲渡にかかる税金には、個人単位で課税される所得税と住民税がありますが、同じ財産を同額で売却しても、その売却者個人が会社員で給与所得がある、あるいは専業主婦で所得がないといった他の所得状況や、不動産売却の場合はマイホームか否かなどによって、譲渡所得税額や社会保険料が異なることとなります。

そこで、譲渡所得税額や社会保険料などの観点から相続人の希望を前提としつつ遺産分割方法や協議書の書き方を工夫します。

【例】

夫が亡くなり、被相続人は妻と長女の2人。長女は、結婚し、他所に居住する専業主婦。相続人2人での話し合いの結果、次の希望が出てきました。

① 妻と長女で概ね半分ずつ相続したい。

② 自宅（200㎡）は売却（予定額2,000万円）したい。

上記のような相続人の希望に叶う分割方法として「換価分割」と「代償分割」の2つが考えられます。

例 1 ：換価分割

遺産分割協議書

自宅を売却し、売却代金を妻 2 分の 1、長女 2 分の 1 の割合で分配する。

相続人妻　　　（住所）
　　　　　　　（署名）　　　　　　　実印
相続人長女　　（住所）
　　　　　　　（署名）　　　　　　　実印

例 2 ：代償分割

遺産分割協議書

1　自宅は妻が相続する。
2　妻は上記財産を相続する代償として、長女へ金 1,000 万円を支払う。

相続人妻　　　（住所）
　　　　　　　（署名）　　　　　　　実印
相続人長女　　（住所）
　　　　　　　（署名）　　　　　　　実印

　どちらも不動産の売却を経て、最終的に得るものは金 1,000 万円となるように思えます。ただし、「換価分割」または「代償分割」における遺産分割協議書を前提とすると譲渡所得税及び社会保険料は次のようになります。したがって、相続人の希望を大前提としたうえで、相続税効果はもちろん、その後の譲渡所得税及び社会保険の影響をも考慮し、そのご家庭からトータルでの支出減に努めたいものです。

不動産の売却者		例1 配偶者 ＋ 子	例2 配偶者
相 続 税	小規模宅地	長女分（100㎡）は適用なし	限度面積まで80%減額
所 得 税	3,000万円控除	長女分（1,000万円）は適用なし	配偶者取得の2,000万円全体に適用あり
	軽減税率	長女分（1,000万円）は適用なし	配偶者取得の2,000万円全体に適用あり
	扶養控除	売却年は夫の扶養に入れない	影 響 なし
社 会 保 険	社会保険料	売却年は夫の扶養に入れない	影 響 なし
	窓口負担	負担割合増になることも	影 響 なし

4 書面添付制度の利用

相続税の申告書に一定の書面を添付することで税務調査が回避できる制度があると聞きましたが、それはどのような制度ですか？

1 書面添付制度の概要

　書面添付制度とは、税理士が申告書を作成するにあたり、納税者に対してどのような質問をし、どのような書類を確認し、最終的に申告書を作成したかを記載した書面をいいます。この制度は、税務署になり代わって税理士がしっかりと調査したうえで申告書を作成したその過程や根拠などを記載するものとして税務執行の一層の円滑化・簡素化を図るために設けられた制度であり、税理士にしか作成することができません。

2 書面添付を活用することのメリット

　通常、相続税の税務調査は、相続人の自宅を税務調査官が訪問し、質問・確認を繰り返すこととなりますが、この書面添付制度を

利用した場合には、税務調査が実施される前に税理士だけが税務署に呼び出され、税務署の質問・疑念に対し、税理士への意見聴取の機会が与えられます。

　税理士への意見聴取によって確認事項が明確になり、これに応じて修正申告などを行った場合には、相続人に対する税務調査は省略となります。これにより、相続人らの精神的、時間的負担は軽減されます。

　また、税理士の意見聴取により、財産の計上漏れや誤りが判明した場合には「修正申告」をすることとなりますが、納税者が自主的に修正申告を行ったとみなされ、過少申告加算税や重加算税は課されません。

図表 5-2　書面添付制度の流れ

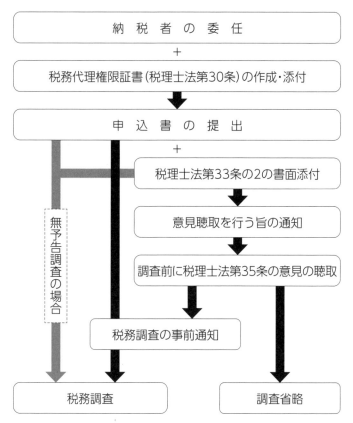

※　税務代理権限証書の添付がないと意見聴取の対象とならない。

82

図表5-3　添付書面記載例

相続税申告書（○年○月○日　相続開始）に係る

相　続　税

税理士法第33条の2第1項に規定する添付書面　**33の2①**

受付印

　　　年　月　日
　　　　　　　　殿

※整理番号

税理士又は税理士法人	氏名又は名称	税理士　国税太郎　㊞
	事務所の所在地	○○市○○区○○町1－1－1　　電話（○○○）○○○－○○○○
書面作成に係る税理士	氏　名	税理士　国税太郎　㊞
	事務所の所在地	○○市○○区○○町1－1－1　　電話（○○○）○○○－○○○○
	所属税理士会等	○　○　税理士会　○　○　支部　登録番号　第12345号

| 税務代理権限証書の提出 | **有**（　　相続税　　）・　無 |

| 依頼者 | 氏名又は名称 | 相続人代表　東京一郎 |
| | 住所又は事務所の所在地 | X市○○区○○町2－2－2　　電話（○○○）○○○－○○○○ |

　私（当法人）が申告書の作成に関し、計算し、整理し、又は相談に応じた事項は、下記の1から4に掲げる事項であります。

1　自ら作成記入した帳簿書類に記載されている事項

帳簿書類の名称	作成記入の基礎となった書類等
申告書及び添付書類 土地評価明細書その他の財産評価明細書	法定相続情報一覧図の写し、住民票の写し、戸籍の附票の写し、遺産分割協議書、登記事項証明書、固定資産税評価証明書、測量図、住宅地図、賃貸借契約書、預金の証書及び通帳、残高証明書、保険証券、債務及び葬式費用の対象となる領収書、過去の所得税及び復興特別所得税の確定申告書・決算書（控）、法人税申告書（控）、贈与税の申告書（控）等

2　提示を受けた帳簿書類（備考欄の帳簿書類を除く。）に記載されている事項

帳簿書類の名称	備考
「1　自ら作成記入した帳簿書類に記載されている事項」の「作成記入の基礎となった書類等」に同じ。	税理士法第33条の2の書面添付に係るチェックシート〔相続税〕を活用・添付した場合は、「別添チェックシートの確認書類に同じ」と記載する。

※事務処理欄	部門	業種			意見聴取連絡事績		事前通知等事績	
					年月日	税理士名	通知年月日	予定年月日
					・・		・・	・・

（1／8）

1

※整理番号

3	計算し、整理した主な事項		

	区　　分	事　　　　　項	備　　　考
(1)	土地	・　土地の利用状況等について、現地確認を行い、公図及び測量図を基に土地の形状や建物の利用状況等を確認し、評価を行った。 ・　先代名義の土地は確認できなかった。 ・　土地については、全て実測面積で計算した。 ・　貸ビルＡ（○○町○－○）全○○室のうち、○室は相続開始日以前から長期間空室であり、一時的に空室となっていたものではないため、賃貸割合に応じて、貸家建付地と自用地部分に按分して評価額を算出した。 ・　貸ビルＢ（○○町○－○）の駐車場敷地については、駐車場の契約者及び利用者が全て貸ビルＢの賃借人であり、かつ貸ビルＢの敷地内の駐車場であるなど、駐車場の貸付けの状況がビルの賃貸と一体と認められたため、全体を貸家建付地として評価した。 ・　○○町○○－○（地目：宅地）については、被相続人の主宰する㈱Ａに賃貸し、同法人が貸ビルを建てて利用している。この賃貸借については、無償返還の届出書の提出を確認したので、自用地評価額の80％相当額で評価し、㈱Ａの株式評価上、純資産価額に20％相当額を計上した。 ・　○○区○○－○（地目：宅地）については、評基通 20－2 の地積規模の大きな宅地の評価で評価した。 　　評価に当たっては、評価対象地について、資料として添付した『地積規模の大きな宅地の評価』の適用要件チェックシート」を活用し、各適用要件を満たしていることを確認した。 ・　○○町2-2（被相続人の自宅敷地）については、その土地に建てられている自宅建物とともに、同居親族である長男が取得し、居住を継続していることから、特定居住用宅地等として、小規模宅地等の計算の特例を適用した。	公図、測量図、登記事項証明書、固定資産税評価証明書 賃貸借契約書、過去の所得税及び復興特別所得税の確定申告書・決算書（控） 賃貸借契約書、過去の所得税及び復興特別所得税の確定申告書・決算書（控） 賃貸借契約書 土地の無償返還に関する届出書（控） 法人税申告書（控） 「地積規模の大きな宅地の評価」の適用要件チェックシート 路線価図、都市計画図 実測図等 長男の戸籍の附票の写し
	「税理士法第33条の2の書面添付に係るチェックシート〔相続税〕」も参考に土地・建物の評価上、ポイントとなる項目等を具体的に記載する。		

（2／8）

※整理番号

2

84

3　計算し、整理した主な事項			
	区　　分	事　　　項	備　　考
(1)	建物	・　貸ビルA（○○町○−○）の評価に当たっては、相続開始時点における貸付状況を確認した上で、賃貸割合に応じて評価した。 ・　○○町○○−○の建物については、相続開始時において建築中であったため、その家屋の費用現価の100分の70に相当する金額によって評価した。 ・　○○町○−○○の建物については、未登記物件であったため、相続人からの聴き取り及び固定資産税評価証明書との照合を行い、相続財産として計上した。 ・　米国ハワイ州ホノルルにある被相続人と妻のジョイントテナンシーのコンドミニアムについて、取得の原資を確認したところ、平成10年に、被相続人及び妻が持分1/2で所有していた○○市の物件を譲渡した代金であり、また不動産の管理費、固定資産税等も被相続人と妻が管理する口座（○○銀行ホノルル支店　普通預金　被相続人及び配偶者のジョイントアカウント）から引き落とされていたことから、被相続人の持分を1/2として相続財産に計上した。 　なお、コンドミニアムの評価に当たっては、ハワイ○○社に鑑定評価を依頼した。	登記事項証明書、固定資産税評価証明書、賃貸借契約書、過去の所得税及び復興特別所得税の確定申告書・決算書（控） 家屋の請負契約書、領収書 国外財産調書 ハワイコンドミニアムの鑑定評価書
	有価証券 「税理士法第33条の2の書面添付に係るチェックシート〔相続税〕」も参考に有価証券の取引状況、家族名義の有価証券の帰属の検討及び株式の評価方法等ポイントとなる項目等を具体的に記載する。	・　各相続人名義の株式については、被相続人からの贈与により取得したものであるが、贈与税の申告がされており、各相続人に確認したところ、贈与の事実が確認されたことから、被相続人の財産とは認められなかった。 ・　被相続人の孫○○名義の㈱A の株式 100 株については、贈与税の申告がなく、また、その取得の原資、株の管理状況及び配当の受取口座（被相続人名義の○○銀行○○支店の普通口座）から、被相続人に帰属するものと認められるため、相続財産として計上した。 ・　㈱A の株式の評価については、法人税申告書及び決算書等により事業規模を確認し、大会社と判定されたが、類似業種比準価額が1株当たりの純資産価額を上回っていたため、純資産価額方式を採用した。	定款、株主名簿、法人税申告書（控）、預金通帳、預り証 贈与税の申告書（控） 法人税申告書（控）、決算書、仮決算に基づく法人税申告書

（3／8）

3

3　計算し、整理した主な事項

(1)

区　　　分	事　　　　　項	備　　　考
有価証券	・　㈱Aの株式の評価について、純資産価額の算定に当たっては、被相続人の死亡を保険事故として、㈱Aが生命保険金を受け取り、これを原資として、退職金を支払っていることから、資産の部に「生命保険金請求権」、負債の部に「未払退職金」及び「保険差益に対する法人税額等相当額」を計上した。 ・　上場株式については、○○証券○○支店及び○○証券○○支店の２社の取引があり、各証券会社発行の残高証明書及び各銘柄の証券代行部に株式数を確認の上、単元未満株も含めて計算した。	残高証明書、顧客勘定元帳
現金・預貯金 「税理士法第33条の２の書面添付に係るチェックシート〔相続税〕」も参考に預貯金の取引状況及び家族名義の預貯金の帰属の検討等ポイントとなる項目等を具体的に記載する。	・　現金については、相続人からの聴き取り及び預貯金の取引状況により確認し、生活費として手元にあった20万円のほか、相続開始直前に出金された500万円及び貸金庫に保管されていた500万円の合計1,020万円を現金として計上した。 ・　預貯金については、家族名義も含めて、保有する全ての通帳の提示を受け、過去５年間の取引状況、相続人の収入及び生活状況を勘案の上、検討した。 ・　被相続人名義の○○銀行○○支店の普通預金は、家賃収入の振込口座であり、月々の出金は、生活費として費消されている。 ・　妻名義の○○銀行○○支店の定期預金（１口150万円）は、被相続人名義の預金（不動産収入が原資）から出金した資金により作成されたものであり、妻に確認したところ、贈与の事実もなく、管理運用状況から、被相続人に帰属する財産であることが確認されたため、相続財産として計上した。 ・　被相続人名義の預貯金及び上記の妻名義の定期預金については、既経過利息も含め相続財産に計上した。	預金通帳 残高証明書 ステートメント

| | ※整理番号 | |

3　計算し、整理した主な事項

区　　分	事　　　項	備　　考
現金・預貯金 「税理士法第33条の2の書面添付に係るチェックシート〔相続税〕」も参考に預貯金の取引状況及び家族名義の預貯金の帰属の検討等ポイントとなる項目等を具体的に記載する。	・　○○銀行ホノルル支店の普通預金は被相続人と妻のジョイントアカウントであり、口座開設時の入金状況及びその後の口座の管理運用状況について検討したところ、両名固有の資産と認められたことから預金残高の1/2を相続財産として計上した。 ・　○○銀行ワイキキ支店の定期預金は被相続人と妻のジョイントアカウントであるが、口座開設時の資金は被相続人に帰属するものであり、その後の口座の管理・運用状況についても、被相続人が行っていたと認められたことから、全額相続財産として計上した。	預金通帳 残高証明書 ステートメント
生命保険金	・　被相続人を契約者及び被保険者とする生命保険契約については、○○生命から1,200万円、△△生命から2,500万円の死亡生命保険金が支払われていたことから、相続財産に計上した。	保険証券、生命保険金の支払通知書、所得税及び復興特別所得税の確定申告書（控）
その他の財産 「税理士法第33条の2の書面添付に係るチェックシート〔相続税〕」も参考に保険の権利の帰属や未収金等、ポイントとなる項目等を具体的に記載する。	・　○○生命保険の契約者が妻名義及び長男名義であったが、保険料は、被相続人名義○○銀行○○支店の普通預金から出金されており、保険料負担者は被相続人と判断されたため、生命保険に関する権利として相続財産に計上した。 ・　前記賃貸物件についての損害保険は、積立火災保険であることから、相続開始日現在の解約返戻金相当金額を保険会社に確認した上、相続財産に計上した。 ・　被相続人が契約者及び被保険者である損害保険から、相続開始後に入院給付金○○万円が支払われていることから、相続財産として計上した。 ・　金地金については、相続開始日現在、○○金属において、○○グラムの金地金を保管していたことを確認したため、相続財産に計上した。	保険証券、過去の所得税及び復興特別所得税の確定申告書（控） 保険証券、解約返戻金の金額のわかるもの、所得税及び復興特別所得税の確定申告書（控） 金地金計算書・金の保有状況のわかるもの

(1)

（5／8）

5

3　計算し、整理した主な事項

	区　　　分	事　　　　　項	備　　　　　考
(1)	その他の財産 「税理士法第33条の2の書面添付に係るチェックシート〔相続税〕」も参考に保険の権利の帰属や未収金等、ポイントとなる項目等を具体的に記載する。	・　被相続人の準確定申告において、還付金が〇〇万円あることから、相続財産に計上した。 ・　長男が平成〇年に購入した車両の代金〇〇万円については、被相続人が立て替えていたことから、立替金として相続財産に計上した。 ・　平成〇〇年に、被相続人から妻、長男、次男、孫A及び孫Bに対し、現金〇〇〇万円の贈与があったことから、相続人である妻、長男及び次男への贈与については、相続開始前3年以内の贈与加算をするとともに、贈与税額控除〇〇万円を計上した。 ・　被相続人の主宰する㈱Aに対する貸付金〇〇万円があったことから、貸付金として相続財産に計上した。	所得税及び復興特別所得税の準確定申告書（控） 預金通帳 贈与税の申告書（控） 金銭消費貸借契約書、法人税申告書（控）
	債務・葬式費用	・　借入金については、残高証明書、相続人からの聴き取り及び資産の取得状況から確認した。 ・　預かり保証金については、賃貸借契約書により確認した。また、この預かり保証金は、〇〇銀行〇〇支店の普通預金に預金されている。 ・　葬式費用等の領収書を確認し、墓石の購入費用及び香典返しに係る費用を除いたところで、葬式費用として計上した。 ・　未納租税公課については、相続開始日現在の固定資産税の未納分を計上した。 ・　被相続人の住宅ローンのうち、団体信用生命保険に加入していたことにより返済の必要のない債務については、借入金に計上していない。	残高証明書、賃貸借契約書、葬式費用の領収書、過去の所得税及び復興特別所得税の確定申告書、決算書（控） 固定資産税納付書 住宅ローン設定契約書等

3 納税者の協力

　書面添付制度は、税理士が自己の責任でもって申告書に追加して添付するものです。したがって、書面添付は、形式的なものでは足りず、申告書作成の過程や根拠を明確に記載する必要があることはもちろん、虚偽記載をした場合には税理士自身が処罰の対象となります。

　したがって、書面添付制度を活用するためには、何より相続人らと税理士との信頼関係が重要であり、税理士に何でも話ができ、嘘偽り、隠し事のない関係構築が求められます。

5 不動産売却に関する調整

> 不動産売却による納税を予定していましたが、申告期限までに換金できません。どうすればよいですか？　また、測量の結果縄延びも判明しました。

　相続開始後に、不動産売却によって相続税の納税資金を捻出するには、申告期限の10か月は非常に短いものです。売却不動産の選定、測量や建物解体、買い手候補者との交渉、さらに並行して相続人間での遺産分割協議も進めていかなければなりません。実務上はしばしば次のようなことが起こります。

1 境界測量にあたって

(1) 隣接所有者との境界問題

　不動産売却にあたり、土地の測量を進めていたところ隣接土地の所有者との境界紛争が発生することがあります。また、紛争とまで

はいかないまでも、隣地者が境界立ち合いなどに対して非協力的で、時間ばかりが過ぎていくこともあります。このような場合には、土地家屋調査士や弁護士などの専門家を介して交渉を進めざるを得ず、法的手段による解決の道もありますが時間がかかりますので、納税期限を意識して売却候補地の再選定や隣接者の主張をある程度受け入れることで、納税資金捻出を図ることもあるでしょう。

　境界問題は、今に始まったことではなく、過去からのいきさつがあって、今勃発することが多いようです。将来土地売却を視野に入れている場合には、隣接者と友好関係を維持しておくことはもちろん、時間的余裕のある生前に確定測量しておくことも一考です。

（2）縄延びや縄縮みが判明した場合

　不動産売却にあたって測量をしたら公簿地積とズレているということがよくあります。公簿地積と比べ、実測地積が大きかった場合を「縄延び」、逆に小さかった場合を「縄縮み」といいます。

　相続土地の評価を進めている段階で「縄延び」または「縄縮み」が判明した場合には、相続評価は実際の地積を基礎とするとされていますので、公簿地積ではなく、「縄延び」または「縄縮み」を加味した実際の地積を基礎として土地評価を行うこととなります。

　なお、相続税の申告後間もなく、売却のために不動産を測量した際に「縄延び」または「縄縮み」が判明した場合には、その適正地積に応じた適正な相続税額を再計算のうえ、縄延びの場合には「修正申告」、縄縮みの場合には「更正の請求」を行う方法があります。

2　申告期限までに換金が間に合わない場合

　不動産売却は買い手を見つけ、諸条件が調ってやっと成立し、売買契約、換金の運びとなります。したがって、相続の場面では、し

ばしば申告期限までに換金が間に合わないといったことが発生します。この場合でも納税期限が延長されるわけでありませんので、売却換金まであとどのくらいの時間を要するかを考えながら、何らかの対応をする必要があります。

(1) 延納手続

　相続税の申告に併せてとりあえず「延納」手続きをとるものです。不動産売却による納税方針は決まっているものの、売却換金までの時間が予想できない場合には有力な選択肢となります。延納は「相続税延納申請書」の提出及び諸手続を経て、税務署長の許可を得ることで認められます。その後、売却換金されたあかつきには売却代金でもって一括納税することとなります。

　なお、延納が許可された場合であっても、本来の申告期限から延納納付日までの期間に応じた利子税がかかります。

(2) 延滞による期限後納付

　納税期限は徒過してしまうが、間もなく売却換金して納税が見込める場合には、あえて延滞税を払うものです。国税庁のホームページには、閲覧者が延滞税を計算できるページも用意されています。延滞税は、延納の場合にかかる利子税よりは大きくなりますが、納税可能となるまでの日数が短期であれば、煩雑な延納手続をとらずに、延滞税を払うことも実益があるとも考えられます。

　なお、この場合には所轄税務署の管理徴収部門へ、延滞することや納税が可能となるだろう時期などを伝えておくことも有用です。

6 相続人の1人が申告期限前に亡くなった場合

相続手続を進めていたところで相続人の1人が亡くなりました。この場合、相続税申告について救済措置はありますか？

特に兄弟相続の場合には、相続人の年齢が近いことからしばしばこのような事態となります。被相続人Aの相続人BCDのうち、相続人BがAの相続税申告及び納税の前に亡くなった場合においては、被相続人Aの相続に対する相続人Bの申告義務は、Bの相続開始後10か月に延長されます。したがって、Bの相続開始後10か月のタイミングでAとB両者の相続税申告を行うこととなります。この場合には、**図表5-4**の納税義務等の承継に係る明細書を添付することとなります。

ただし、被相続人Aのその他の相続人CDに対する被相続人Aに係る申告期限は延長されませんので、当初の10か月期限に向けた手続きが必要となります。

図表 5-4　納税義務等の承継に係る明細書

納税義務等の承継に係る明細書
（兼相続人の代表者指定届出書）

被相続人

第 1 表の付表 1（令和 2 年分以降用）

この表は、次の①から③までに掲げる場合のいずれかに該当する場合に記入します。
① 相続時精算課税適用者が被相続人である特定贈与者の死亡の日前に死亡している場合
② 相続税の申告書を提出すべき者が被相続人の死亡の日から相続税の申告期限までの間に相続税の申告書を提出しないで死亡している場合
③ 相続税の修正申告書を提出すべき者が相続税の修正申告書を提出しないで死亡している場合

1　死亡した者の住所・氏名等

住所		フリガナ		相続開始年月日	令和　　年　月　日
		氏名			

2　死亡した者の納付すべき又は還付される税額

納付すべき税額（相続税の申告書第1表の⑭の金額）	円	・・・・・A
還付される税額（相続税の申告書第1表の⑳の金額）	△　　　　　円	

3　相続人等の代表者の指定
（相続税に関する書類を受領する代表者を指定するときに記入してください。）

相続人等の代表者の氏名 　　　　　

4　限定承認の有無
（相続人等が限定承認しているときは、右の「限定承認」の文字を○で囲んでください。）　　　　　限定承認

5 相続人等に関する事項				
(1) 住所	〒	〒	〒	
(2) 氏名	フリガナ　参考として記載している場合（参考）	フリガナ　参考として記載している場合（参考）	フリガナ　参考として記載している場合（参考）	
(3) 個人番号又は法人番号	個人番号の記載に当たっては、左端を空欄とし、ここから記入してください。↓	個人番号の記載に当たっては、左端を空欄とし、ここから記入してください。↓	個人番号の記載に当たっては、左端を空欄とし、ここから記入してください。↓	
(4) 職業及び被相続人との続柄	職業　　　　続柄	職業　　　　続柄	職業　　　　続柄	
(5) 生年月日	明・大・昭・平・令　　年　月　日	明・大・昭・平・令　　年　月　日	明・大・昭・平・令　　年　月　日	
(6) 電話番号				
(7) 承継割合 ・・・・B	法定・指定	法定・指定	法定・指定	
(8) 相続又は遺贈により取得した財産の価額	円	円	円	
(9) 各人の (8) の合計	円			
(10) (8)の(9)に対する割合 $\frac{(8)}{(9)}$				

6 税額	A×B	納付すべき税額（各人の100円未満切捨て）	00円	00円	00円
		還付される税額	△　　　　　円	△　　　　　円	△　　　　　円

税務署整理欄	整理番号	0	0	0
	番号確認　　身元確認			

第 1 表の付表 1 （令4.7）　　　　　　　　　　　　　　　　（資 4 − 20 − 1 − 2 − A4統一）

7 相続人の訂正申告

相続税の申告及び納税を済ませ、ホッとしていた
矢先に財産漏れがあることが判明しました。まだ
10か月を経過していませんが、どのようにすれ
ばよいでしょうか?

　申告及び納税を済ませ、ホッしたのも束の間、財産漏れや計算間
違いに気づくことがあります。このような場合に、まだ申告期限が
到来していなければ、再度申告書を提出することができますし、そ
の申告書は期限内申告として扱われることなります。これを実務上
「訂正申告」と呼び、当初の申告書や期限後の修正申告書と区別し
ています。

　したがって、再計算のうえ修正した申告書を提出することとなり
ますが、依然として期限内であることには変わらず、期限内申告と
扱われる結果、過少申告加算税や延滞税も課されることはありま
せん。

　なお、財産漏れにより訂正申告を行う場合には、その漏れていた
財産の取得者を確定・確認するため、作成済みの遺産分割協議書を
確認のうえ、必要に応じてその財産だけの遺産分割協議書を作成す
る必要も出てきます(**本章1**参照)。

8　申告期限までに遺産分割が調わない場合の相続税申告

残念ながら 10 か月までに遺産分割が調いそうにありません。この場合に相続税はどうなりますか？

1　納税及び申告

　相続税の申告は、原則として、相続人等が相続等により取得した財産について、自主的に相続税額を計算して申告しなければなりませんが、提出期限までに遺産の分割が調わない、いわゆる「未分割」であるためそれぞれの相続人の取得財産が確定しない場合があります。

　このような未分割の場合において、相続税の申告及び納税を延期することは、相続人間の個別的事情に委ねられるところが大きい遺産分割の成否によって、相続税の実質的負担が左右されることとなり、課税の公平を保つことができないことから、法定相続分により相続財産の価額及び承継債務の金額を計算し、10 か月以内に相続税の申告及び納税をしなければなりません。

　また、遺産分割が調わないため結果として被相続人の預貯金を解約できず、納税資金に充当できない場合には、相続人らの固有の預貯金、死亡生命保険金などで納税資金を賄うこととなります。これらでも納税額を用意できない場合には、預貯金債権の払戻し制度、納税のための一部分割、銀行借入れなど複数の方法を検討し、相続人共通の利害として実現可能な方法を模索することが必要となります。

2 特例の適用不可

　未分割の申告を行う場合には、減税効果の大きい「小規模宅地等の特例」や「配偶者の税額軽減」は適用することができません。これらの適用がない場合として、相続税額を計算のうえ、減税効果のない相続税を 10 か月以内に納付しなければなりません。

　この場合、相続税の申告書に「申告期限後 3 年以内の分割見込書」（**図表 5-5**）を添付して提出しておき、相続税の申告期限から 3 年以内に分割された場合には、これらの特例の適用を受けることができます。分割がまとまった場合には、その分割の日から 4 か月を経過する日までに「更正の請求」を行うことによって、当初納税していた相続税額と特例を受けた相続税額との差額を還付することができます。

図表 5-5　申請期限後 3 年以内の分割見込所

通信日付印の年月日	（確　認）		番　号	
年　　月　　日				

被相続人の氏名　＿＿＿＿＿＿＿＿＿＿＿＿

申告期限後 3 年以内の分割見込書

　相続税の申告書「第11表（相続税がかかる財産の明細書）」に記載されている財産のうち、まだ分割されていない財産については、申告書の提出期限後 3 年以内に分割する見込みです。
　なお、分割されていない理由及び分割の見込みの詳細は、次のとおりです。

　1　分割されていない理由

　　　＿＿＿＿＿＿＿＿＿＿＿＿＿＿＿＿＿＿＿＿＿＿＿＿＿＿＿＿
　　　＿＿＿＿＿＿＿＿＿＿＿＿＿＿＿＿＿＿＿＿＿＿＿＿＿＿＿＿
　　　＿＿＿＿＿＿＿＿＿＿＿＿＿＿＿＿＿＿＿＿＿＿＿＿＿＿＿＿
　　　＿＿＿＿＿＿＿＿＿＿＿＿＿＿＿＿＿＿＿＿＿＿＿＿＿＿＿＿
　　　＿＿＿＿＿＿＿＿＿＿＿＿＿＿＿＿＿＿＿＿＿＿＿＿＿＿＿＿

　2　分割の見込みの詳細

　　　＿＿＿＿＿＿＿＿＿＿＿＿＿＿＿＿＿＿＿＿＿＿＿＿＿＿＿＿
　　　＿＿＿＿＿＿＿＿＿＿＿＿＿＿＿＿＿＿＿＿＿＿＿＿＿＿＿＿
　　　＿＿＿＿＿＿＿＿＿＿＿＿＿＿＿＿＿＿＿＿＿＿＿＿＿＿＿＿
　　　＿＿＿＿＿＿＿＿＿＿＿＿＿＿＿＿＿＿＿＿＿＿＿＿＿＿＿＿

　3　適用を受けようとする特例等

　⑴　配偶者に対する相続税額の軽減（相続税法第19条の 2 第 1 項）
　⑵　小規模宅地等についての相続税の課税価格の計算の特例
　　　（租税特別措置法第69条の 4 第 1 項）
　⑶　特定計画山林についての相続税の課税価格の計算の特例
　　　（租税特別措置法第69条の 5 第 1 項）
　⑷　特定事業用資産についての相続税の課税価格の計算の特例
　　　（所得税法等の一部を改正する法律（平成21年法律第13号）による
　　　改正前の租税特別措置法第69条の 5 第 1 項）

（資 4 － 21 － A 4 統一）

97

1 修正申告・更正の請求

相続税の申告期限後間もなくして、財産漏れがあることが判明しました。この場合、どのようにすればよいでしょうか？

相続税の申告期限後に、新たに財産を発見したり、計算間違いに気づくことがあります。このような場合には、「修正申告」または「更正の請求」を行うことができます。

1 修正申告

相続税が増加する場合には、財産漏れや計算の誤りを反映した「修正申告」を行い、同時に差額分を納付することとなります。納税者が自主的に行う修正申告については、原則として過少申告加算税や重加算税は課されません。ただし、当初の納期限からの期間に応じた延滞税がかかります。

なお、財産漏れにより修正申告を行う場合には、その漏れていた財産の取得者を確定・確認するため、作成済みの遺産分割協議書を確認のうえ、必要に応じてその財産だけの遺産分割協議書を作成する必要も出てきます。（第5章1参照）

図表 6-1　相続税の修正申告書

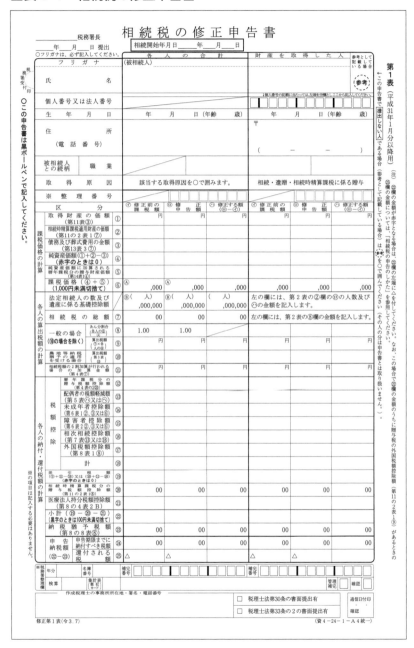

2　更正の請求

逆に、相続税が減額する場合には、計算の誤りを反映した「更正の請求」を行うこととなります。

2 申告期限後の相続税申告

10か月の申告期限が過ぎた後の相続税申告について教えてください。

1　申告期限後の申告

相続税の申告義務があるにもかかわらず、何らかの事情で申告期限を徒過してしまった場合にも申告は必要です。納税者が本来の申告期限後に行う申告を「期限後申告」といいます。期限後申告であっても分割要件などを満たしていれば、小規模宅地等の特例や配偶者の税額計算を適用して相続税額を計算することができます。

ただし、申告期限を遵守した納税者との均衡を図るため、期限後申告の場合には本来の相続税に加えて「無申告加算税」及び延滞税が付加されます。

2　申告がない場合

相続税のような自己申告納税制度の税金は、納税義務者が自ら正しい申告をし、その申告税額を期限までに納付することを前提としていますが、申告義務があるにもかかわらず納税者が申告しない場合もありえます。このような場合には、税務署長は税の公正な負担を実現するため、その調査により無申告者の税額を確定する処分を行います。この処分を「決定」といいます。

　税務署長により決定がなされた場合には、本来の相続税に加えて「無申告加算税」及び延滞税が付加されます。

第 2 編

ケース別
遺産分割協議書条項例

遺産分割協議書作成のメリット、作成方法

1 遺産分割協議書作成の手続き

　遺産分割に関して共同相続人間で合意が成立した場合、各遺産の名義を変更するために諸機関へ提出したり、後の紛争を予防したりするため、協議の内容について遺産分割協議書を作成しておくべきです。

　遺産分割協議書には、相続人全員の署名押印が必要です。この点、相続人の全員が一堂に集まって署名押印する方法でも、持ち回りで各相続人が署名押印していく方法でも構いません。

2 遺産分割協議書の効用

　遺産には、不動産や銀行預金などの金融資産が含まれる場合が多くあります。そのような場合、登記所や銀行等に対し、遺産分割協議の内容（誰がどの遺産を取得することとなったのか）を証明する必要があります。遺産分割協議書は、このような場合に活用することができます。

　また、せっかく相続人間で話し合って遺産分割協議をしても、口頭で合意しただけでは、後に紛争となった際にもともとの合意内容を証明することが困難となります。そこで、後の紛争を予防するためにも、誰がどの遺産を取得したのかを明確に記載し書面化した遺産分割協議書を残しておくことが重要です。

3　遺産分割協議書作成上の注意

(1)　遺産と取得者の特定

　誰がどの遺産を取得するのかを明記する必要があります。取得する遺産については、それを特定するに足りる事項をできるだけ詳細に記載します。

　遺産の種類ごとの具体的な特定方法は、それぞれの条項例を参照してください。

(2)　新たに遺産が見つかった場合に関する取扱い

　遺産分割協議はたいていの場合、遺産を調査したうえで行うと思われますが、ときに遺産分割協議が成立した後で新たに遺産が見つかることがあります。

　このような場合、後から見つかった遺産について、どのように処理するのか、あらかじめ遺産分割協議書に盛り込んでおくことが重要です。

　例えば、以下の方法が考えられます。

①　相続人の中の特定の誰かを定めておき、その者が新たに見つかった遺産を取得することとしておく方法

②　相続人らで改めて、新たに見つかった遺産の分割協議をする旨を定めておく方法

(3)　住所は住民票や印鑑証明書に記載のとおりに記載をすること

　登記所や金融機関に提出する場合、記載内容に少しでも不備があると記載の修正や再提出を求められる可能性があります。そうなる

と、相続人らが改めて書面を作り直すなど、新たな手間が生じてしまいます。

　それを避けるため、住所は、住民票や印鑑証明書に記載されたとおりに記載します。漢数字か算用数字か、「－（横棒）」か丁目・号・番・番地か、マンションなど建物名はあるか否かなど、正確に記載するようにします。

(4) 実印を押印する

　すべての相続人が遺産分割協議の内容に同意していることを証明するため、実印を押印し印鑑証明書を添付します。

(5) 銀行や証券会社等から、あらかじめ専用書式を取り寄せておくこと

　銀行や証券会社等によっては、遺産分割協議書のほかに、金融機関ごとの専用書式に相続人らの署名押印を求めるところがあります。

　遺産分割協議書への署名押印の機会に合わせ各金融機関の専用書式にも署名押印ができるよう、あらかじめ金融機関への確認や専用書式の取り付けなど準備をしておくようにしましょう。

(6) 作成通数

　遺産分割協議に参加した各相続人が1通ずつ所持できるよう、遺産分割協議書は、相続人と同じ通数を作成するべきです。

コラム　相続で幸せになれる人

　相続の仕事を始め、私は不思議な事実に気がつきました。それは相続で一歩譲った人は幸せになるということです。そして、相続で欲得を通し争った人は幸せになれないということです。財産と人の幸せは比例しないのです。

　私は講演や人に会ったとき必ずこの話をします。そこで、ある人にこう言われました。

　「いつもそんなこと言うが、自分は相続で一歩譲りました。だけど、良いこともない、幸せにもなっていません。」

　私は「あなたは相手を恨んでいるのでしょう。」と聞くと、「当たり前です。」と答え、私は「恨んでしまったら譲ったことになりませんよ。」と言っています。

　相続で欲得を通し争う人には共通点があります。それは、ご先祖様や親に感謝の気持ちを持っていないのです。財産をもらうのは当たり前だと思っています。そして、いつも「不平・不満・文句」を言っています。

　譲ることのできる人は、常に感謝の気持ちを持っています。親の財産は、いただけるだけでありがたいと思っています。「うれしい・しあわせ・ありがとう」そんな言葉がいつも口から出てきます。夫婦の絆も強く、配偶者は夫（妻）の相続に口は出しません。たとえわずかでも相続した財産は生きたお金になります。

　母親と二人で暮らしているＡさん（50代）から相談を受けました。Ａさんが生まれてまもなく父親は離婚しました。ある日突然、父親の相続人から相続放棄をしてほしいと連絡がきま

した。3人の異母兄弟の存在を知らなかったAさんには晴天の霹靂です。

　相談者のAさんは独身の女性です。持ち家もあり母親と2人で慎ましく幸せに暮らしています。相続の相談を受けたとき、一番先に考えることは法律や財産ではなくその人の幸せです。

　遺言があっても法律では、Aさんには遺留分の権利があります。遺留分の請求をすれば8分の1は取り戻せます。そこで、Aさんには相続放棄を勧めました。もし、ここで余計なお金が入ってきてしまったら母娘の生活のリズムが狂います。

　私は、次の2つのことを話しました。①父親の財産は離婚した後に築かれた財産であること、②相続は譲った人が必ず幸せになれること、Aさんは納得しご自身の意思で放棄をしてくれました。

　Aさんには子どもがいません。母親のあとAさんに相続が発生したら全財産は異母兄弟に渡ります。母娘で十分話し合いどこに財産を残すか、公正証書での遺言の対策をアドバイスしておきました。

　物事をすぐ法律で解決しようとする人がいます。相続は法律だけでは解決できません。相続人の幸せを守るのが本当の実務家です。

　相続争いは、勝っても負けても不幸になります。"一歩譲った人が幸せになる"これを相続人に理解していただくことは、砂浜に文字を書くような果ない業です。ですが、岩に刻むような真剣さで言い続けてまいります。

第1章

遺言との関係

事例

被相続人法令太郎は、子である法令一郎、法令次郎に対し、遺産（不動産）を各持分2分の1の割合で相続させるとする遺言を作成していました。法令一郎、法令次郎は、遺産分割協議を行い、不動産ごとにそれぞれ単独取得することにしました。

遺産分割協議書

　本籍　　　：○○県○○市○○町○丁目○番○号
　最後の住所：○○県○○市○○町○丁目○番○号
　被相続人　：法令太郎（令和○年○月○日死亡）

　法令一郎、法令次郎は、被相続人の遺産につき、平成○年○月○日○法務局所属公証人○作成同年第○号遺言公正証書（以下「○号遺言」という。）の下記1について、後記2（1）及び（2）のとおり遺産分割協議を行った。

1　○号遺言記載の、被相続人の遺産について、法令一郎及び法令次郎にそれぞれ各持分2分の1の割合で相続させるとした部分

2　各相続人が相続する財産

（1）法令一郎が相続する財産

（土地）　　所在　　　　　○○区○○町○丁目

　　　　　　地番　　　　　○番○

　　　　　　地目　　　　　宅地

　　　　　　地積　　　　　○○平方メートル

（建物）　　所在　　　　　○○区○○町○丁目○番地

　　　　　　家屋番号　　　○番○

　　　　　　種類　　　　　居宅

　　　　　　構造　　　　　○○

　　　　　　床面積　　　　○○平方メートル

（2）法令次郎が相続する財産

（土地）　　所在　　　　　○○区○○町○丁目

　　　　　　地番　　　　　○番○

　　　　　　地目　　　　　宅地

　　　　　　地積　　　　　○○平方メートル

（建物）　　所在　　　　　○○区○○町○丁目○番地

　　　　　　家屋番号　　　○番○

　　　　　　種類　　　　　居宅

　　　　　　構造　　　　　○○

　　　　　　床面積　　　　○○平方メートル

　以上のとおり、相続人全員による遺産分割協議が成立したので、本協議書を2通作成し、署名押印のうえ各自1通ずつ所持する。

令和　　年　　月　　日

```
【法令一郎】
 住所
 氏名　　　　　　　　　　　　　　実印


【法令次郎】
 住所
 氏名　　　　　　　　　　　　　　実印
```

【解説】

1　遺言と遺産分割

　遺言者は、遺言によって、自分の財産について誰に何を残すか、意思表示をすることができます。例えば、共同相続人の相続分を指定したり（民法 902 条）、遺産の分割の方法を指定したり（民法 908 条 1 項前段）することができます。

　遺言は、遺言者の最終の意思表示であるため、原則として最大限尊重されますが、遺言で遺産分割の禁止（民法 908 条 1 項後段）がなされていない場合、遺言と異なる遺産分割を行うことは可能です。

　まず、遺言により相続分を指定したとしても（例えば、全財産を 3 分の 1 ずつ分けるなど）、具体的に誰が何を相続するのか指定されていない場合は、遺産分割協議を行って具体的な分割方法を定める必要があります。

　また、遺言で具体的な分割方法が指定されていたとしても（例えば、不動産を長男に相続させる、預貯金を二男に相続させるなど）、相続人にとって必ずしも合理的でない場合もあるため、相続人全員の同意があれば、遺言と異なる遺産分割を行うことができます。

　もっとも、相続人全員の同意がなければ、遺言の内容と異なる遺

産分割を行うことができないため、基本的には遺言の内容どおりとなります。

2 遺言者が遺言執行者を指定していた場合

遺言者が遺言執行者を指定していた場合、遺言執行者は遺言の内容を実現するため、相続財産の管理その他遺言の執行に必要な行為をする権限があります（民法1012条）。遺言執行者がある場合には、遺言の執行を妨げる行為をすることはできず、これに違反してした行為は無効となるため、遺言執行者の同意を得て遺産分割を進める必要があります。

また、相続人以外の第三者に対し遺産が遺贈されている場合（民法964条）、受遺者の同意を取り付ける必要があります。

このように、遺言執行者が指定されていた場合であっても、相続人全員の同意があり、相続人以外の受遺者や遺言執行者が同意するのであれば、遺言の内容とは異なる遺産分割は可能となります。

●税務上の視点
税務上は、最終的に相続人全員が合意した遺産分割協議の内容に応じた相続税申告を行うこととなります。

コラム	相続実務は鴨の水掻き

　水面を泳いでいる鴨は外から見るとスイスイと優雅です。ところが、水面下では絶えず脚を動かしています。

　ある相続案件の依頼を受けました。被相続人には先妻との間に子どもがいます。相続で揉めぬよう、公正証書遺言が作ってありました。専門家が作成したので法的不備はありません。

　しかし、先妻の子の遺留分を大きく侵害しています。もし、遺言を執行してしまったら遺留分の請求をされる可能性があります。遺産の中に一区画の土地がありますが、不動産の特性を考慮していません。利用の現状と筆が異なっており、遺言（筆）通りに分割してしまうと、ほとんどの土地が接道を満たさず、建築確認を取ることも売却することもできません。

　そこで、この土地を一度合筆し一筆に戻し、現状に合わせた分筆をし、道も位置指定を受ける必要があります。合筆は所有者が同じでなければできません。遺言どおり各相続人に登記をしてしまったら、合筆と新たな分筆が不可能となり、土地は死んでしまいます。

　もし分割前の共有状態であれば、相続人全員のハンコが揃えば合筆することができます。現状に合わせ分筆したあと、遺産分割の話し合いで各人が相続すれば全部の土地を生かすことができます。至難の仕事ですが、チームを組んだパートナー（税理士・土地家屋調査士・司法書士）を信じ、自分を信じてやるしかありません。

　苦労をしましたが、相続人に状況を理解していただき、依頼者にも譲っていただき、合筆・分筆後に遺産分割も無事終了しました。

１つの壁を越え、ホッとする間もなく次の壁（相続税一括納付）が立ちふさがります。

　相続税は、10か月以内に現金一括払いが原則です。先の改正で「とりあえず物納」はできません。確定測量、越境物解消、開発許可要件などを満たし、期限内に土地を換金できるかが勝負です。

　この土地をめぐり、蜜に群がる蜂のごとく不動産ブローカーが寄ってきます。巧いことを言っても相続人のことなど考えていません。商売にならぬと見るや潮が引くように一斉に去っていきます。10億20億の土地資産家の遺産分割から相続税一括納付まで一連の作業は、難度が高く心臓外科手術のようなものです。

　遺言を使ってしまえば楽ですが、遺留分の請求をされてしまったり、土地が死んでしまったら、相続人が不幸になってしまいます。遺言を放棄していただき（相続人全員の合意が必要）、苦労を承知で、あえて遺産分割での話し合いを選びました。

　難しい仕事をさりげなくこなすのがプロです。しかし、水面下では絶えず脚を動かしています。それはお客様からは見えません。そんな苦労を支えているのは、仕事に対し微塵もブレない信念と、相続人の幸せを守る実務家としてのプライドです。

第2章

人物に関する条項

事例1 代襲相続人がいる場合

被相続人法令太郎には、実子の法令一郎、法令次郎がおり、法令次郎には実子の法令松子、法令竹子がいました。先に法令次郎が死亡し、次いで法令太郎が亡くなりました。そこで、法令太郎の遺産について、法令一郎、法令松子及び法令竹子の三者で、遺産分割協議を行いました。

遺産分割協議書

本籍　　　：東京都○○区○○町○丁目○番○号
最後の住所：東京都○○区○○町○丁目○番○号
被相続人　：法令太郎（令和○年○月○日死亡）

　法令一郎（以下「甲」という。）、法令松子（以下「乙」という。）及び法令竹子（以下「丙」という。）は、被相続人の遺産について、本日、遺産分割協議を行い、本書のとおり合意した。

1　甲、乙及び丙は、次の預金を、甲が2分の1、乙及び丙が各4分の1ずつ取得する。
　　○○銀行○○支店　普通預金
　　口座番号　○○○○○○○

口座名義　法令太郎

　　預金残高　○○○円（○○年○月○日現在）

2　後日、新たな遺産が発見されたときは、甲、乙及び丙が当
　該遺産の分割について、別途協議をする。

　以上のとおり、相続人全員による遺産分割協議が成立したの
で、本協議書を3通作成し、署名押印のうえ、各自1通ずつ所
持する。

令和　　年　　月　　日

【甲（法令一郎）】

住所：

氏名：　　　　　　　　　　　　実印

【乙（法令松子）】

住所：

氏名：　　　　　　　　　　　　実印

【丙（法令竹子）】

住所：

氏名：　　　　　　　　　　　　実印

【解説】

1　代襲相続

　代襲相続とは、本来であれば相続人となるはずであった者が相続

開始以前に死亡したり、一定の事由によって相続権を失ったりした場合に、その者の子が代わってその者の受けるべき相続分を相続することを認めた制度です。

　代襲原因は、①相続開始以前の死亡、②相続欠格、③相続廃除（民法 887 条 2 項本文）です。

　また、本来であれば相続人となるはずであった者を「被代襲者」といい、代襲して相続する者を「代襲相続人」といいます。

2　代襲相続の範囲

(1) 被代襲者が被相続人の子である場合

　被代襲者が被相続人の子である場合、被代襲者の子（被相続人の孫）が代襲相続人となります（民法 887 条 2 項本文）。

　ただし、代襲相続人となるには、被相続人の直系卑属である必要があります（民法 887 条 2 項但し書き）。例えば、仮に被相続人の子が養子であった場合、原則として養子縁組前に生まれた子は代襲相続人とはなりません。これに対し、養子縁組後に生まれた子は、親族関係が発生するため（民法 727 条）代襲相続人となります。

　また、被相続人の孫にも代襲原因がある場合には、ひ孫が代襲者となります（再代襲。民法 887 条 3 項）。

　本事例では、被代襲者法令次郎は、被相続人法令太郎の実子であるところ、法令次郎は既に死亡しているため、その子である法令松子及び法令竹子が代襲相続人となります。

(2) 被代襲者が被相続人の兄弟姉妹である場合

　被代襲者が被相続人の兄弟姉妹である場合、被代襲者の子（被相続人の姪・甥）が代襲相続人となります（民法 889 条 2 項、同 887

条2項、同889条1項2号)。

　ただし、再代襲は、被相続人の甥・姪の子には行われません（民法889条2項が同887条3項を準用していないため)。

3　代襲者の相続分

　代襲者の相続分は、被代襲者が受けるべきであった相続分と同じになります（民法901条1項本文）。被代襲者に複数の子がいる場合には、子の人数に応じ、等分して代襲相続することとなります（民法901条1項但し書き）。

　本事例では、法令次郎が生存していれば、法令太郎の相続人は法令一郎と法令次郎で、相続分はそれぞれ2分の1ずつでした。しかし、法令次郎は既に死亡しているため、法令次郎の子である法令松子及び法令竹子が、等分して法令次郎を代襲相続し、相続分は各4分の1ずつとなります。

●税務上の視点

　相続人の以前死亡により代襲がある場合には、相続税の計算上の法定相続人の数には、以前死亡の者は含めず、代わりに代襲者の数を含めることとなります。したがって、この事例の場合、法定相続人は法令一郎、法令松子及び法令竹子の3人となります。

コラム　70年の遺恨を断ち切る

　10年ほど前に手がけた相続案件がありました。相続人は 7 人の兄弟姉妹です。長女のＡさんから依頼を受け、3 女のＢさんのところへ行きました。ＡさんとＢさんとの間には深い固執がありました。この 2 人をいかに合意に導くかが勝負となりました。

　妹のＢさんから見れば私は敵の手先です。最初は玄関にも入れてくれませんでした。しかし、真心と公平な対応が通じ、最後は心を開いてくれて、今度は逆にＢさんから全幅の信頼を受けてしまいました。何かあると一番先に私の処へ相談にきてくれます。

　それから 6 年後に、長女のＡさんは亡くなりました。私は最近Ｂさんの姿が見えないので気になっていましたが、大病を患い手術を受けたと後で知りました。幸い手術は成功したとのことです。

　その後、あなたには話しておきたいと、Ｂさんから私宛に分厚い手紙をいただきました。手紙には、幼い頃からの辛い思いや、Ａさんとの固執もビッシリ書いてありました。私はその手紙を拝見し、このままにしておいてはいけないと思い、即次のような返事を書きました。以下略文

　「このようなお手紙を私にくださるには勇気がいたことと思います。子供の頃から色々なことがありましたね。人を恨まなければならない環境にあったことはよくわかりました。でも、人を恨むとことは、ものすごいエネルギーを消耗します。

　亡くなったお姉さんを許してあげたらどうでしょうか、いままで辛い思いをされたことは十分承知です。人を恨みながら

死んでしまったら、遺恨は来世まで残りまた自分に還ってきます。

　恨みはどこかで断ち切らねばエンドレスとなり永遠に続きます。そうは言っても気持ちは簡単に切りかえられないかもしれません。でも、お姉さんを許してあげてください。仏壇に手を合わせ、嘘でもいいからお姉さんを許すと言ってください。毎日続けていると本当に許せる気持ちになります。

　人に言えないご苦労、言葉で表せない辛さはお察しします。大病を乗り越えたことは、このまま恨みを残して死んではいけないと、天が今しばらく寿命を与えくださったのです。

　勝手なことを書いてしまいました。お許しください。でも、このままでは御自身が不幸で終わってしまいます。原因はすべて御自身の心の中にあると思ってください。」

　Bさんは涙をボロボロ出しながらこの手紙を読んでくれたそうです。「そんな気持ちになれるものか」と思いながらも仏壇に手を合わせ、姉さんを許すと言ってくれたそうです。

　しばらくし、Bさんからお礼を言われました。「物心がついてから70数年来、いつも頭から離れなかったシコリが取れ、気持ちが楽になりました。今がいちばん幸せな気がします。」うれしい言葉でした。

　10年前に終えたと思っていた相続案件でしたが、本当の意味で終わったことを感じました。

事例 2 　養子がいる場合

亡法令太郎は、妻法令花子と結婚し、長女の法令春子が生まれました。そして、長女の夫法令一男を養子にしました。法令太郎の死亡後、法令花子、法令春子及び法令一男の三者で、遺産分割協議を行いました。

遺産分割協議書

本籍地　　　　：〇〇県〇〇市〇〇町〇丁目〇番〇号
最後の住所地：〇〇県〇〇市〇〇町〇丁目〇番〇号
被相続人　　：法令太郎（令和〇年〇月〇日死亡）

被相続人の遺産について、共同相続人法令花子（以下「甲」という。）、法令春子（以下「乙」という。）及び法令一男（以下「丙」という。）は、遺産分割協議の結果、次のとおり分割することに合意した。

1　甲は、次の不動産を取得する。
（土地）　所在　　　　〇〇区〇〇町〇丁目
　　　　　地番　　　　〇番〇
　　　　　地目　　　　宅地
　　　　　地積　　　　〇〇平方メートル
（建物）　所在　　　　〇〇区〇〇町〇丁目〇番地
　　　　　家屋番号　〇番〇
　　　　　種類　　　　居宅
　　　　　構造　　　　〇〇

床面積　　○○平方メートル

2　乙及び丙は、次の預金を、各2分の1ずつ取得する。
　　○○銀行○○支店　普通預金
　　口座番号　　○○○○○○○
　　口座名義　法令太郎

3　第1項及び前項の遺産以外に、新たに被相続人の遺産が発見されたときは、甲、乙及び丙は、その分割方法について協議する。

　　以上のとおり、相続人全員による遺産分割協議が成立したので、本協議書を3通作成し、署名押印のうえ、各自1通ずつ所持する。

令和　　年　　月　　日

【甲（法令花子）】
住所：
氏名：　　　　　　　　　　　　実印

【乙（法令春子）】
住所：
氏名：　　　　　　　　　　　　実印

【丙（法令一男）】
住所：
氏名：　　　　　　　　　　　　実印

【解説】

1　養　子

　養子とは、養子縁組により養親の子となった者をいいます。養子は養親の嫡出子として扱われるため（民法809条）、相続の順位、法定相続分とも、実子と同等となります（民法887条1項、同900条4号）。

　本事例についていうと、実子の法令春子と養子の法令一男は、ともに第1順位の相続人で、法定相続分も同等です。法定相続分は、妻法令花子が2分の1、子である法令春子と法令一男は各4分の1となります。

2　相続人の資格が重複する場合

　相続が発生した場合、養子に相続の資格が二重に発生することがあります。

　例えば、法令太郎の子が亡法令一郎と法令次郎、亡法令一郎の子は法令松子と法令竹子で、法令太郎が孫法令松子を養子にしていたところ、法令太郎の相続が開始した場合、法令松子は、養子としての資格と、孫としての代襲相続人としての資格が重複することになります。

　その場合、法令太郎の相続に関し、相続の資格と法定相続分は次のとおりとなります。

・法令太郎の子は亡法令一郎、法令次郎、法令松子の3人で、法定相続分は3分の1ずつとなる。

・法令一郎は死亡しているため、代襲相続人法令松子と法令竹子が6分の1ずつとなる。

・法令松子は法令太郎の養子としての資格と、代襲相続人とし

ての資格を有するため、双方の相続分を取得し、6分の3と
なる。
・結論として、法令次郎が3分の1、法令松子が2分の1、法
令竹子が6分の1となる。

3　養子縁組の前に養子の子が出生した場合

　なお、養子にも代襲相続の規定の適用がありますが、養子縁組前
に生まれた子は代襲相続人とはなりません。これは、養子は、縁組
の日から養親の嫡出子の身分を取得するため（民法727条）、縁組
の前に養子の子が出生した場合、その子は被相続人の直系卑属とは
ならないからです。

　これに対し、養子縁組後に生まれた子は、代襲相続人となりま
す。

> ●**税務上の視点**
> 　相続税計算上の法定相続人及び法定相続分も民法と同様に考
> えていきます。ただし、相続の放棄があった場合には、その放
> 棄がなかったものとしての法定相続人及び法定相続分となりま
> す。

事例3 非嫡出子がいる場合

亡夫法令太郎の相続人は、妻である法令花子と、長女の法令春子、別の女性との間に生まれ、法令太郎が認知した民川一男です。この三者で、遺産分割協議を行いました。

遺産分割協議書

本籍　　　：○○県○○市○○町○丁目○番○号
最後の住所：○○県○○市○○町○丁目○番○号
被相続人　：法令太郎（令和○年○月○日死亡）

　被相続人法令太郎の遺産につき、本日相続人全員で分割協議を行い、以下のとおり分割することに合意した。

1　法令花子は、別紙遺産目録1記載の不動産を取得する。

2　法令春子及び民川一男は、別紙遺産目録2記載の預金につき、各2分の1ずつ取得する。

3　後日、前各項以外の新たな遺産が発見されたときは、法令花子、法令春子及び民川一男は、当該遺産の分割について、別途協議をする。

　以上のとおり、相続人全員による遺産分割協議が成立したので、本協議書を3通作成し、署名押印のうえ、各自1通ずつ所持する。

令和　　年　　月　　日

【法令花子】
住所：
氏名：　　　　　　　　　　　　実印

【法令春子】
住所：
氏名：　　　　　　　　　　　　実印

【民川一男】
住所：
氏名：　　　　　　　　　　　　実印

【解説】

1　非嫡出子とは

　法律上の婚姻関係にある男女の間に生まれた子を嫡出子といい、嫡出子以外の子を非嫡出子といいます。

　母からの相続に関しては、母子関係は分娩の事実により当然に発生すると解されているため（最判昭和 37 年 4 月 27 日判タ 140 号 67 頁）、母からの認知がなくとも法律上の母子関係が認められます。

　これに対し、父からの相続に関しては、非嫡出子は、法律上の父子関係を発生させるためには生物学上の父子関係があるだけでは認められず、父による子の認知が必要です（民法 779 条）。

2　非嫡出子の相続の順位、法定相続分

　認知された非嫡出子の相続の順位について、民法は、嫡出子と非嫡出子に差を設けていないため、嫡出子と同様に第 1 順位となります（民法 887 条 1 項）。

　また、法定相続分を定めた民法 900 条 4 号但し書き前段において、嫡出子がいる場合には嫡出子の 2 分の 1 となる旨規定されていましたが、最高裁判所において、かかる規定は憲法 14 条 1 項に反するとの決定がなされ（最決平成 25 年 9 月 4 日判時 2197 号 10 頁）、これを受けた民法改正により、非嫡出子の法定相続分は嫡出子と同様になりました。

　なお、この決定では、遅くとも平成 13 年 7 月当時には憲法違反であったとしつつ、この決定の違憲判断は、同月からこの決定までの間に開始された相続について、遺産の分割の審判等により確定的なものとなった法律関係には影響を及ぼさないものと判示しています。

　本事例の非嫡出子民川一男は、法令太郎から認知されているため、相続人となります。また、その相続分は、嫡出子である法令春子と同じとなります。

●**税務上の視点**
　相続税計算上の法定相続人及び法定相続分も、民法と同様に考えていきます。ただし、相続の放棄があった場合には、その放棄がなかったものとしての法定相続人及び法定相続分となります。

事例4 未成年者がいる場合

亡夫法令太郎の相続人は、妻である法令花子と19歳の長男法令一郎、15歳の長女法令春子です。この三者で遺産分割協議を行いました。

遺産分割協議書

本籍　　　：○○県○○市○○町○丁目○番○号
最後の住所：○○県○○市○○町○丁目○番○号
被相続人　：法令太郎（令和○年○月○日死亡）

　被相続人の遺産につき、共同相続人法令花子（以下「甲」という。）、法令一郎（以下「乙」という。）、法令春子（以下「丙」という。）特別代理人民川法子は、本日、遺産分割協議を行い、本書のとおり合意した。

1　甲、乙、丙は、次の預金について、甲が2分の1、乙及び丙が各4分の1の割合で取得する。
　（1）○○銀行　○○支店　普通預金　口座番号○○○○
　　　　○万円（○年○月○日現在）
　（2）○○銀行　○○支店　普通預金　口座番号○○○○
　　　　○万円（○年○月○日現在）

2　後日、新たに遺産が発見された場合、甲、乙及び丙は、当該遺産の分割について別途協議をする。

　以上のとおり、本遺産分割協議の成立を証するため、本協議

書を 3 通作成し、署名押印のうえ、各自 1 通ずつ所持する。

令和　　年　　月　　日

【甲（法令花子）】

住所：

氏名：　　　　　　　　　　　　　実印

【乙（法令一郎）】

住所：

氏名：　　　　　　　　　　　　　実印

【丙（法令春子）】

住所：

氏名：

【丙（法令春子特別代理人民川法子）】

住所：

氏名：　　　　　　　　　　　　　実印

【解説】

1　未成年者

令和 4 年 4 月 1 日より、民法上、成年年齢が 20 歳から 18 歳に引き下げられ、18 歳に達しない者は未成年者とされています（民法 4条）。

通常であれば、親権者（または未成年後見人）が、未成年者の法定代理人として財産管理を行い、その財産に関する法律行為を行い

ます（民法824条）。

　しかし、親権者と未成年者である子との間の利益相反行為については、親権者は未成年者の代理人となることができず、その未成年者のために、家庭裁判所に対し特別代理人の選任を請求する必要があります（民法826条）。

2　利益相反行為

　利益相反行為とは、①親権者のために利益であり、同時に未成年の子のために不利益な行為または②親権に服する子の一方のために利益であり、同時に他方の子のために不利益な行為をいいます。

　判例上、親権者と未成年者である子との間の利益相反行為にあたるか否かについては、もっぱら行為自体または行為の外形から判断して、利害対立のおそれがあるか否かで判断するものとしています（最判昭和37年10月2日民集16巻10号2059頁、最判昭和57年11月26日民集36巻11号2296頁等）。

　そして、①親権者と未成年者がともに共同相続人であり、親権者が未成年者の代理人としても遺産分割協議を行う場合や、②共同相続人でない親権者が共同相続人である数人の子を代理して遺産分割協議を行う場合（最判昭和49年7月22日判例時報750号51頁）には、外形からみると利益相反行為となるため、特別代理人の選任を要します。

　本事例では、未成年者である法令春子と、その親権者である法令花子とは、遺産分割協議を行うにあたり外形上利益相反の状態にありますので、家庭裁判所に特別代理人の選任を求めなければなりません。その結果、法令春子には特別代理人民川法子が選任されています。

●税務上の視点

　法定代理人が未成年者を代理して相続税の申告する場合には、未成年者に意思能力がある場合には未成年者の、意思能力がない場合は法定代理人の氏名を併記して申告を行います。

　また、未成年者には、18 歳までの期間に応じた未成年者控除があります。

第2編

ケース別　遺産分割協議書条項例

コラム　明るく　楽しく　すがすがしく

　財産に人の心と欲が複雑に絡んでくる相続は、どうしてもドロドロとしてきます。多くの相続現場を歩いてきましたが、素足でヘドロの中を歩くようなこともありました。

　「明るく　楽しく　すがすがしく」そんな相続あるわけないだろう！とお思いでしょうが、実はそんな相続もあることを知ってください。2つの相続案件をご紹介したいと思います。

　《その1》A家の相続についてです。父親はすでに他界しており、二男夫婦が母親の世話をし、最後を看取りました。二次相続の遺産はすべて預貯金です。相続人は兄弟姉妹の5人です。

　墓守をしている二男から「遺産はとりあえず自分が相続し、母親の供養に使いたい」との提案がありました。5人で分けてしまえば1人当たりはそんな大きなお金にはなりません。

　他の兄弟姉妹に異議はなく全員が二男の提案を受け入れました。最初の法要は四十九日です。次は一周忌そして三回忌と続きます。法要に出席する兄弟姉妹（相続人）は、交通費、宿泊費、飲み食いの費用は一切負担する必要はありません。二男が相続でストックしている遺産から出します。この時ばかりは、子、孫、曾孫まで全員が集まります。

　法要後は、お寿司屋さんで食べ放題飲み放題です。曾孫も大はしゃぎ、まるでお祭りのように盛り上がります。故人もこの様子を天上から喜んで見ていることでしょう。

　全員が次の法要を楽しみに待っています。そして遺産を使い切ったなら通常に戻り、実質の「遺産分割」は終了します。まさに「明るく楽しい」相続ではありませんか。

《その 2》次は B 家の相続についてです。こちらも二次相続での母親の遺産分割の話です。母親（配偶者）は一次相続でそれなりの預貯金を相続しています。相続人は兄弟姉妹の 4 人です。

　まず、長男が口火を切りました。「自分は父親の相続でそれなりに遺産を相続したので、今回は法律どおりに均分で分けよう。」それに対し、二男が反論します。「均分はおかしい、兄貴は長男なので自分達より多く相続してほしい。」結局ほど良いバランスで決着し、話し合いはわずか 30 分で終了しました。

　遺産分割の後に、私は相続人の皆様にお話しをさせていただきました。「ご両親は皆様を"感謝の気持ちと譲る心"を持った人間に育ててくれました。私は生前にお会いしたことはありませんが、きっと素晴らしい方だったと思います。これは何にも勝る無形の相続財産ですよ。」思わず口から出てきた言葉です。

　親の影響力がなくなる二次相続は揉めることが多いです。しかし、このように感動する相続もあります。遺産分割が無事終了したことを仏前に報告し、すがすがしさが残る B 家を後にしました。

事例5 相続人に行方不明者がいる場合①（失踪宣告）

遺産：不動産・現金2,000万円

相続人：法令花子（妻）、法令一郎（長男）、法令次郎（二男）、

代襲相続人：法令次太（次郎の子）

2020年10月1日に亡くなった法令太郎の相続人は、妻である花子、長男の一郎、及び2010年5月10日に借金苦で家出をしたきり生死がわからない二男の次郎です。次郎の失踪宣告を受けて、花子、一郎及び次郎の代襲相続人である次太とで遺産分割協議を行いました。

遺産分割協議書

本籍　　　：○○県○○市○○町○丁目○番○号
最後の住所：○○県○○市○○町○丁目○番○号
被相続人　：法令太郎（2020年10月1日死亡）

　被相続人の遺産につき、共同相続人法令花子（以下「甲」という。）、同法令一郎（以下「乙」という。）、及び同法令次太（以下「丙」という。）[1]は、遺産分割協議の結果、被相続人の遺産を下記のとおり分割した。

---

1 二男の次郎は失踪宣告により、2017年5月10日に死亡したとみなされ、被相続人よりも前に死亡していることになり相続人となりません。しかし、次郎には次太という子がおり、次太は代襲相続人となるため、共同相続人として遺産分割協議に参加しています。

1　甲は、次の不動産を取得する。

　(1)　土地

　　　所在　　　　○○市○○町○丁目

　　　地番　　　○番地

　　　地目　　　宅地

　　　地積　　　○○平方メートル

　(2)　建物

　　　所在　　　　○○町○丁目○番地

　　　家屋番号　○番

　　　種類　　　居宅

　　　構造　　　○○

　　　床面積　　○○平方メートル

2　乙及び丙は、現金2,000万円について、乙及び丙が各1,000万円を取得する。

3　第1項及び前項の遺産以外に、新たに被相続人の遺産が発見されたときは、甲、乙及び丙は、その分割方法について協議する。

○年○月○日

【甲（法令花子）】

住所：

氏名：　　　　　　　　実印

【乙（法令一郎）】

住所：

氏名：　　　　　　　　実印

【丙（法令次太）】
住所：
氏名：　　　　　　　　実印

【解説】

　遺産分割協議は、相続人全員が参加して行わなければならず、相続人の一部が参加せずに行った場合には無効となります。そのため、相続人の中に行方不明の者がいる場合には、そのままでは有効な遺産分割協議ができません。

　この場合には、失踪宣告の申立を行うことができないかを検討します。

1　失踪宣告の要件・効果（民法30条、31条）

① 　戦地、沈没した船舶、震災などの危難で行方不明となった場合（危難失踪）
　　要件：危難が去ってから1年間生死不明
　　効果：危難が去ったときに死亡したものとみなされます。
② 　①以外で行方不明の場合（普通失踪）
　　要件：7年間生死不明
　　効果：7年間が満了したときに死亡したものとみなされます。

　したがって、危難で行方不明になった場合には、危難が去ってから1年以上経過しているか、それ以外の場合には7年以上音信不通であるかを確認し、この要件を満たす場合には、失踪宣告の申立を行い、行方不明者を法律上死亡したものとして取り扱うことで遺産分割協議を行えるようにします。

2　失踪宣告の手続等

　申立人：利害関係者（不在者の配偶者、父母、相続人など）
　管　轄：不在者の従来の住所地または居所地の家庭裁判所（家事
　　　　　事件手続法 148 条 1 項）
　手　続：事実調査を行ったうえで、公告を行います。公告期間
　　　　　は、普通失踪で 3 か月、危難失踪で 1 か月は最低行わな
　　　　　ければならないとされています。そのため、普通失踪の
　　　　　場合には手続期間が半年程度はかかることが多いです。

3　失踪宣告確定後の手続きの進め方

　死亡とみなされた時点が相続開始時（被相続人の死亡時）よりも
前であれば、そもそも行方不明者は被相続人の相続人とはなりま
せん。ただし、行方不明者に代襲相続人（子など）がいる場合に
は、この者が共同相続人となり遺産分割協議に参加させることを要
します。本事例でも、次郎に次太という子がいるので、代襲相続が
発生しており次太を遺産分割協議に参加させています。
　死亡とみなされた時点が相続開始時（被相続人の死亡時）よりも
後の場合には、行方不明者の相続人がいる場合にはその者が共同相
続人となり遺産分割協議に参加させることを要します。

4　失踪宣告の取消し（民法 32 条）

　失踪宣告は、死亡を擬制して行方不明者を取り巻く法律関係を一
旦確定させるための制度です。ただ、失踪宣告は法的に死亡してい
るものと取り扱うだけであり、実際には行方不明者が失踪宣告後に
生存していることが判明することがあります。
　行方不明者が生存していることが判明した場合、家庭裁判所に請

求をして失踪宣告を取り消すことになります。

　失踪宣告が取り消された場合、失踪宣告は遡って効力を失い、失踪宣告によって財産を取得した者は返還する義務を負います（民法32条2項本文）。しかし、他の相続人が、行方不明者が生存していることを知らずに遺産分割を受けた場合には分割協議は有効であり（同条1項後段）、失踪宣告を取り消された者（行方不明であった者）は、遺産分割を受けた他の相続人に対して、現に利益を受けている限度でその財産の返還を請求することができるにとどまります（同条2項但し書き）。

5　失踪宣告の利用が適しない場合

　行方不明者がいる場合でも、失踪宣告の要件（普通失踪の場合の7年間の生死不明、危難失踪の1年間の生死不明）を満たさない場合や、失踪宣告の確定を待てない事情がある（相続税申告のために早期に遺産分割の必要がある場合など）には、本章 事例6 で説明する不在者財産管理人を選任する方法を検討することになります。

> ●税務上の視点
> 　相続税の申告及び納付期限は、相続の開始があったことを知った日の翌日から10か月以内とされています。失踪宣告があった場合における「相続の開始があったことを知った日」は失踪宣告があった日の翌日となります。

コラム　平等と公平の難しさ

　平等と公平はよく似ていますが意味は違います。

　辞書で調べてみると、「平等⇒差別がなく等しいこと」「公平⇒偏らず中正なこと」とあります。これでは違いがよくわかりませんが、単純に考えてみると答えが出てくることがあります。

　身近なところでお正月のお年玉を例に考えてみましょう。

　平等⇒祖父が小学生、中学生、高校生の孫に 1 万円ずつお年玉をあげました。これが平等です。しかし、そんな人はいないでしょう。

　公平⇒祖父が小学生の孫に 3,000 円、中学生の孫に 5,000 円、高校生の孫に 1 万円お年玉をあげました。これが一般的に共通し持っている知識と分別であり、公平だと思います。

　これを相続に例えてみます。相続人は長男・二男・長女の 3 人です。長男が親の世話をし、親戚付き合いも引き受け、墓守もしています。また、3 年にわたり親を在宅介護し最後を看取りました。介護は肉体的に精神的に大きな負担を強いられ、介護した者でなければその苦労はわかりません。状況を踏まえ考えれば、長男が厚めに相続するのは自然ではないかと思います。

　ところが、現在の法律は「均分相続」です。親戚付き合いや墓守はもちろん、介護にしても通常の介護では寄与分として相続分に反映しません。

　「均分相続」は、「公平相続」ではなく「平等相続」です。この認識は重要です。他の兄弟が譲らず権利を主張したら、長男の相続分は 3 分の 1 です。理不尽と思っても常識は法律に勝

てません。

　そこで、法律で決まっている相続分を変えられる人は、被相続人になる人です。方法も一つしかありません。それが遺言です。平等と公平のすき間を埋めるのは遺言しかありません。もし公平を求めるなら遺言の作成は必須です。

　次は、遺産の価値と公平を考えてみましょう。5,000万円の預貯金は、相続人の誰がみても財産価値は5,000万円です。これが不動産となるとやっかいです。時価1億円の不動産はお金に換えて初めて現金や預貯金と公平に比べることができます。

　売却すると、譲渡所得税（取得費不明）、仲介料、確定測量、建物解体など、費用を引くと手元に残るお金は約7,000万円です。時価1億円の不動産ですが、遺産分割において現金預貯金と公平に比べるなら、実際には7,000万円の価値であると、相続人に理解していただくことも必要です。

　財産は預貯金だけでなく、不動産、動産、株式、美術品など、多岐にわたり、価値観は相続人により違ってきます。これも遺産分割を難しくします。公平な財産分けは至難の業です。

事例6　相続人に行方不明者がいる場合②（不在者財産管理人）

遺産：現金2,000万円

相続人：法令花子（妻）、法令一郎（長男）、法令次郎（二男）

2020年10月1日に亡くなった法令太郎の相続人は、妻である花子、長男の一郎、及び2018年9月15日に借金苦で家出をしたきり生死がわからない二男の次郎です。次郎に不在者財産管理人を選任して遺産分割協議を行いました。

遺産分割協議書

　本籍　　　：○○県○○市○○町○丁目○番○号

　最後の住所：○○県○○市○○町○丁目○番○号

　被相続人　：法令太郎（2020年10月1日死亡）

　被相続人の遺産につき、共同相続人法令花子（以下「甲」という。）、同法令一郎（以下「乙」という。）、及び同法令次郎不在者財産管理人松野梅子[2]（以下「丙」という。）は、遺産分割協議の結果、被相続人の遺産を下記のとおり分割した。

1　甲、乙及び丙は、現金2,000万円について、甲が1,000万円、乙及び丙が各500万円を取得する。

2　前項の遺産以外に、新たに被相続人の遺産が発見されたと

2　不在者財産管理人が不在者の代わりに遺産分割協議に加わります。

きは、甲が当該遺産を取得するものとする。

○年○月○日

【甲（法令花子）】
住所：
氏名：　　　　　　　　実印

【乙（法令一郎）】
住所：
氏名：　　　　　　　　実印

【丙（法令次郎不在者財産管理人松野梅子）】
住所：
氏名：　　　　　　　　実印

【解説】

　遺産分割協議は、相続人全員が参加して行わなければならず、相続人の一部が参加せずに行った場合には無効となります。そのため、相続人の中に行方不明の者がいる場合には、そのままでは有効な遺産分割協議ができません。

　本事例では、失踪宣告の要件（普通失踪の7年間生死不明）を満たさないため、失踪宣告により次郎を死亡したとみなすこともできません（失踪宣告については本章 事例5 を参照）。

　そこで、行方不明者に不在者財産管理人を選任して、行方不明者に代わって不在者財産管理人に遺産分割協議に参加してもらう方法が考えられます。

1　不在者財産管理人とは

　不在者（従来の住所または居所を去って容易に戻る見込みのない者）に財産管理人がいない場合に、不在者自身や不在者の財産について利害関係を有する第三者の利益を保護するため、利害関係人または検察官は、家庭裁判所に、不在者財産管理人の選任を申し立てることができます（民法 25 条 1 項）。

　不在者財産管理人は、不在者の財産について保存行為・管理行為を行う権限を有するほか、家庭裁判所から権限外行為の許可を得ることで、許可された範囲内で財産処分行為を行うことができます（民法 28 条）。遺産分割協議は、財産処分行為に該当すると解されますので、不在者財産管理人が不在者に代わり遺産分割協議を行うには、権限外行為許可を受ける必要があります。ただし、権限外行為許可の申立書に、締結予定の遺産分割案を記載する必要があることから、実際には、事実上の遺産分割協議が先行して行われ、その協議がまとまったところで、最終的な合意をする前に権限外行為許可の申立を行うことになります。

2　不在者財産管理人の選任申立手続

　申立人：利害関係者（不在者の配偶者、推定相続人など）
　管　轄：不在者の従来の住所地または居所地の家庭裁判所（家事事件手続法 145 条 1 項）
　手　続：申立後は、家庭裁判所による調査が行われ、多くの場合 2〜3 か月程度で不在者財産管理人の選任が行われます。

3 不在者財産管理人を選任する場合の注意点

(1) 予納金

　不在者の財産の内容から、不在者財産管理人が不在者の財産を管理するために必要な管理費用（不在者財産管理人に対する報酬を含む）に不足が出る可能性がある場合には、不在者財産管理人が円滑に事務を行うことができるように、家庭裁判所から申立人に対して相当額の予納金を納付することが求められることがあります。予納金の金額は、30万円から100万円くらいであることが多いです。

　したがって、不在者財産管理人選任の申立を行う場合には、予納金の準備をしておく必要があります。

　なお、予納金は、管理財産から賄えなかった管理費用に充当され、不在者財産の管理が終了したときに余っていれば申立人に返還してもらえますが、予納金が残らないケースもあります。

(2) 報　酬

　不在者財産管理人に対する報酬が発生する可能性があります。「発生する可能性がある」と記載したのは、不在者財産管理人に対する報酬は、不在者財産管理人が家庭裁判所に対して報酬付与申立を行わなければ発生しないためです。不在者財産管理人に弁護士や司法書士などの専門家が選任された場合には、業務として行っているため報酬付与の申立がなされて報酬が発生します。

　不在者財産管理人の報酬は、管理に係る手間などに応じて1年間で12万円から60万円くらいが相場といわれています。報酬は、不在者の財産から支払われますが、不在者の財産では賄えない場合には、予納金から支払われます。

（3）不在者財産管理人の任期

　不在者財産管理人は、たとえ申立の目的となった遺産分割協議が終わったとしても、当然に任務を終了することができず、管理すべき財産が無くなった場合、不在者の死亡がはっきりした場合、不在者に失踪宣告がなされた場合など一定の事由が発生するまでは、不在者財産の管理を継続しなければなりません。

　したがって、不在者財産管理人の任務が終了するまでの間、不在者財産の管理が続けられ報酬も発生する可能性があるので注意が必要です。

4　不在者財産管理人による遺産分割協議書への押印について

　不動産登記や銀行預金解約の手続きのために、遺産分割協議書へは個人の実印を押印して、印鑑登録証明書を添付することが一般的です。

　ところが、不在者財産管理人に弁護士が選任されている場合には、弁護士個人の実印での押印と印鑑登録証明書を添付しただけでは、不動産登記等が行えない場合があります。

　弁護士が不在者財産管理人に選任された場合、選任審判書に記載される不在者財産管理人の住所は、弁護士の所属する法律事務所の住所となっていることがあります。他方で、印鑑登録証明書記載の住所は、弁護士の自宅住所になっています。

　そのため、印鑑登録証明書だけでは、選任審判書に不在者財産管理人として記載されている弁護士と遺産分割協議書に署名押印した弁護士が同一人物であるかという確認が行えず、不動産登記等が行えません。

　この問題に対しては、大きく分けて2つの対応方法があります。

一つは、印鑑登録証明書の他に、当該弁護士が所属する弁護士会が発行する事務所住所と自宅住所の記載された証明書を添付する方法です。弁護士会発行の証明書によって、弁護士の事務所住所と自宅住所の関係性を証明することにより、同一性を証明することができます。

　もう一つは、不在者財産管理人が家庭裁判所に事前に申請することで、家庭裁判所が不在者財産管理人の印鑑であることの証明書を発行してもらうことができる制度を利用する方法です。この家庭裁判所が発行する印鑑証明書を添付して、証明書に登録されている印鑑で押印することで、不在者財産管理人が押印したことを確認できます。

●税務上の視点

　不在者財産管理人が相続人になり代わって相続税の申告及び納付をすることとなります。なお、失踪宣告の場合とは異なり、「相続の開始があったことを知った日」について別段の規定はありません。したがって、10か月以内の申告となります。

事例7　相続人に認知症の者がいる場合（成年後見人）

遺産：現金 2,000 万円

相続人：法令花子（妻）、法令一郎（長男）、法令次郎（二男）

2020 年 10 月 1 日に亡くなった法令太郎の相続人は、妻である花子と長男の一郎、二男の次郎です。妻の花子は数年前から認知症を患い、息子の一郎と次郎を認識できないほど判断能力が低下していたため、成年後見人を選任して遺産分割協議を行いました。

遺産分割協議書

本籍　　　：○○県○○市○○町○丁目○番○号
最後の住所：○○県○○市○○町○丁目○番○号
被相続人　：法令太郎（2020 年 10 月 1 日死亡）

　被相続人の遺産につき、共同相続人法令花子成年後見人松野梅子（以下「甲」という。）、同法令一郎（以下「乙」という。）、及び同法令次郎（以下「丙」という。）は、遺産分割協議の結果、被相続人の遺産を下記のとおり分割した。

1　甲、乙及び丙は、現金 2,000 万円について、甲が 1,000 万円、乙及び丙が各 500 万円を取得する。

2　前項の遺産以外に、新たに被相続人の遺産が発見されたと

きは、甲、乙及び丙はその分割方法について協議する。

○年○月○日

【甲（法令花子成年後見人松野梅子）】
住所：
氏名：　　　　　　　　　実印

【乙（法令一郎）】
住所：
氏名：　　　　　　　　　実印

【丙（法令次郎）】
住所：
氏名：　　　　　　　　　実印

【解説】

　遺産分割協議は、相続発生により共同相続人間で共有となった相続財産（民法898条）につき、相続人間の話し合いによってその分け方を決める法律行為です。

　法律行為を行うには、意思能力が必要となり、これを欠く者が行った法律行為は無効となります（民法3条の2）。この意思能力とは、自らの行為の法的効果を理解するに足りるだけの精神的能力のことをいいます。

　そのため、認知症などによって判断能力が著しく低下して、自らの行為の法的効果を理解できているか判然としない者が相続人の中にいる場合、遺産分割協議を行っても、後で意思能力がないことが判明すると遺産分割協議が無効になってしまいます。

　そこで、このような状況を解決するために、判断能力が低下した者に代わって意思決定を行う者を立てる成年後見制度を利用することが考えられます。

1　成年後見制度の種類

　成年後見制度には、2 つの種類があります。一つは、法定後見制度です。これは、民法の定めに基づく制度で、利害関係人が申立を行い、家庭裁判所が成年後見人を選任する審判を行うというものです（民法 7 条）。

　もう一つは、任意後見制度です。これは、将来判断能力が低下したときに備えて、あらかじめ後見人になってもらいたい者との間で、公正証書で任意後見契約を締結しておき、いざ本人の判断能力が低下したときに、任意後見人が後見監督人の監督のもとで契約により定められた特定の法律行為を本人に代わって行うというものです。

　任意後見契約がなされている場合、本人の意思を尊重するため任意後見契約が優先されるため、法定後見制度の申立がなされても原則として成年後見人は選任されません。

2　成年後見人の申立手続

　申立人：本人、利害関係者（配偶者、四親等内の親族など）
　管　轄：本人の従来の住所地の家庭裁判所（家事事件手続法 117
　　　　　条 1 項）
　手　続：申立後は、家庭裁判所調査官などが本人や成年後見人候
　　　　　補者と直接会って聴き取りを行う調査や本人の判断能力
　　　　　について医師による鑑定が行われます。最高裁判所の統
　　　　　計（令和 3 年 1 月から 12 月まで）では、申立が行われ

て成年後見人の選任がなされるまでの期間が、1か月以内が約42%、2か月以内が約33%となっており、全体の75%が2か月以内には成年後見人の選任が行われているようです。

3　利益相反する場合

　成年後見人は、本人（成年被後見人）の親族が選任されることもあります。遺産分割協議において、成年後見人と成年被後見人がともに相続人である場合、成年後見人と成年被後見人の利益が相反するため、成年後見人が成年被後見人を代理することができず、成年後見人は特別代理人の選任を家庭裁判所に請求しなければなりません（民法860条、826条）。

　ただし、成年後見監督人が選任されている場合には、成年後見監督人が成年後見人に代わって成年被後見人を代理します（民法860条但し書き）。

　任意後見の場合には、任意後見人と本人の利益が相反する場合、任意後見監督人が任意後見人に代わって本人を代理します。任意後見契約が効力を発生するためには、任意後見監督人の選任が必要となるため、任意後見の場合には、必ず任意後見監督人が存在します。

4　成年被後見人と遺言

　成年被後見人が行った法律行為は、日用品の購入その他日常生活に関する行為を除き、取り消すことができます（民法9条）。

　遺言も法律行為ですので、上記の条文がそのまま適用されてしまうと、成年後見人の遺言は取り消しができることになります。しかし、遺言は、遺言者の生前の最終意思を表したものであり、できる

限り尊重する必要があります。

　そこで、民法では、成年被後見人であっても遺言ができる場合を規定しました。すなわち、成年被後見人が事理を弁識する能力を一時的に回復した時に、医師 2 名が立会いを行い、医師が遺言時に成年被後見人が事理を弁識する能力を欠く状態になかったことを遺言に付記することで、成年被後見人であっても遺言を行うことができます（民法 973 条）。

　もっとも、成年被後見人がこの方法で遺言を行っても、当該遺言が必ず有効になることが保証されているわけではなく、遺言当時に成年被後見人が意思能力（遺言能力）を有していたかどうかが相続人や受遺者によって争われることはあります。

●税務上の視点

　成年後見人が認知症の相続人に代理し、相続税の申告書に成年後見人の氏名を併記して申告をし、併せて納付を行います。

56年目の橋渡し

　「お産に耐えた母のお腹から生まれてくる。そして誰もが
スッポンポン。」だから兄弟姉妹なのです。まして2人姉妹な
ら、姉と呼べるのも妹と呼べるのも、この広い世界にたった1
人だけです。もし、親が残した財産をめぐり2人が争ってし
まったら、これほどの不幸はありません。

　知人を介し相談を受けました。相談者は女性のAさん（83
歳）です。18年前に母親が亡くなり、まだ相続手続をしてい
ません。

　遺産は、老朽マンション1室（1K風呂なし）だけです。相
続人は56年間疎遠で父親の異なる妹のBさん1人とのこと
でした。

　調べてみると、Bさんの最後の住所は山形県になっていまし
た。私は連絡を乞う手紙を出しました。ダイレクトメールと間
違えられゴミ箱へ捨てられないように《○○様相続の件》と明
記します。最初に出す手紙は大事です。書き方次第でその後に
影響します。

　1週間ほどでBさんから電話が入りました。事情の説明に
おうかがいしたい旨を伝え、山形へ出向きました。Bさんは
71歳です、姉が56年間連絡をくれなかったこと、母親が亡
くなったのを知らせてくれなかったこと、誤解も重なり何を今
さらと立腹しています。

　しかし、このまま放っておいたら、子どもや孫の代まで憂い
が残ってしまうと、Bさんに重ねて協力をお願いしました。

　そして、Bさんに代償金を払いAさんがマンションを相続

することで合意しました。しかし、その後がまとまりません。地方から見れば東京の不動産です。価値の認識にズレが生じ、代償金の額で意見が合いません。しかたなく時間を置くことにしました。

　半年後（適切な間）に、Bさんに電話を入れてみました。「このままでは母親が成仏できないから」と一歩譲ってくれました。しかし、「姉には会いたくない、ハンコは押すからあなた1人で来てほしい」とのことでした。この相続問題の本質は56年も疎遠であった異父姉妹の縁を戻して差し上げることです。この機を逃してしまったら二度とチャンスはないでしょう。

　ようやくBさんに理解いただきAさんと一緒に山形に行きました。タクシーを降りるとBさんが門前に打ち水をしていました。「こちらが姉さんですよ」「こちらが妹さんですよ」と紹介しました。

　何といっても血のつながりです。戸惑いながらも嬉しそうなBさんの表情が印象的でした。56年振りに感動の再会です。

　相談を受けてから終わるまで1年かかりました。わずかな財産でしたが母親が残してくれたから、56年目にして姉妹の縁が戻ったのです。天国の母親も喜んでいることでしょう。

　手間暇を考えたらできない仕事でした。しかし、見えない報酬が「徳」となり天に蓄えられ、神様は帳尻を合わせにやってきてくれます。

　小さな相続案件でしたが、やってよかった、行ってよかったという気持ちと、大きな仕事を成し遂げた気分で山形を後にしました。

事例8 相続人に外国に居住する者がいる場合

遺産：不動産・現金 2,000 万円
相続人：法令花子（妻）、法令一郎（長男）、法令
次郎（二男）、
2020 年 10 月 1 日に亡くなった法令太郎の相続
人は、妻である花子、長男の一郎、及び二男の次
郎です。仕事の関係で、一郎はアメリカに住んで
おり、次郎はドイツに住んでいて、書面のやり取
りに時間がかかるため、遺産分割協議書ではなく
遺産分割協議証明書を作成することにしました。

遺産分割協議証明書

第1　被相続人の表示

　本籍　　　：○○県○○市○○町○丁目○番○号
　最後の住所：○○県○○市○○町○丁目○番○号
　被相続人　：法令太郎（2020 年 10 月 1 日死亡）

第2　相続人の表示
【甲】
住所：○○県○○市○○町○丁目○番○号
氏名：法令　花子

【乙】
住所：アメリカ合衆国○○州○○
氏名：法令　一郎

【丙】

住所：ドイツ連邦共和国○○州○○

氏名：法令　次郎

　被相続人法令太郎の遺産につき、共同相続人法令花子（以下「甲」という。）、同法令一郎（以下「乙」という。）、及び同法令次郎（以下「丙」という。）は、遺産分割協議の結果、本書のとおり合意したことを証明する。

1　甲は、次の不動産を取得する。

　(1)　土地

　　　　所　　在　　○○市○○町○丁目

　　　　地　　番　　○番地

　　　　地　　目　　宅地

　　　　地　　積　　○○平方メートル

　(2)　建物

　　　　所　　在　　○○町○丁目○番地

　　　　家屋番号　　○番

　　　　種　　類　　居宅

　　　　構　　造　　○○

　　　　床面積　　○○平方メートル

2　乙及び丙は、現金 2,000 万円について、乙及び丙が各 1,000 万円を取得する。

3　第1項及び前項の遺産以外に、新たに被相続人の遺産が発見されたときは、甲が取得する。

○年○月○日

第2編

ケース別　遺産分割協議書条項例

```
住所：○○県○○市○○町○丁目○番○号
氏名：法令　花子　　　　実印
```

【解説】

　遺産分割協議は、共同相続人全員の合意で成立しますが、法律上は書面で合意することは要求されておらず、口頭での合意も理論上は可能です。しかし、口頭の合意だけでは、後で合意内容について疑義が生じ紛争が蒸し返されたり、不動産の移転登記を行えないなど事実上の不都合が発生します。

　そのため、遺産分割協議が調った場合には、共同相続人の全員がその内容に合意していることを確認する趣旨で、遺産分割協議書に共同相続人全員が署名押印します。

　もっとも、共同相続人が遠方に居住している場合などには、共同相続人が一堂に会して遺産分割協議書を作成することが難しいこともあります。そのような場合には、持ち回りで1名ずつ署名押印を行うことも考えられますが、全員の署名押印が揃うまでに時間がかかりますし、途中で汚損や紛失したり、郵送事故（特に相続人が海外に居住している場合には、リスクが高まります）が起きるリスクがあります。

　そこで、共同相続人全員の署名押印を要する遺産分割協議書の作成が難しい事情があるときには、これに代えて、各相続人が遺産分割協議の内容が間違いないことを証明する遺産分割協議証明書を作成する方法があります。

　各相続人が署名押印した遺産分割協議証明書が全員分揃えば、遺産分割協議書と同様に、不動産登記や預金の払戻しなどの相続手続を行うことができます。不動産登記手続や預金の払戻し手続きを行う場合には、遺産分割協議証明書に実印での押印と印鑑登録証明書の添付が求められるので、各相続人に対して実印での押印と印鑑登

録証明書の添付が必要となることを伝えておくとよいでしょう。

　なお、遺産分割協議証明書の場合、各相続人が署名押印した遺産分割協議証明書のうち、最も遅い日付が遺産分割協議の成立日と取り扱われます。

1　印鑑登録証明書について

　上記で印鑑登録証明書は、不動産登記手続や預金の払戻し手続きで必要になると説明しました。ところが、印鑑登録証明書は、住民登録がある自治体で印鑑の登録を行い発行してもらうものであり、相続人が海外に居住している場合、印鑑登録証明書が提出できないという事態が発生するため、次のように対処するとよいでしょう。

(1) 日本国籍を有する相続人が海外に居住している場合

　当該相続人は、日本国内に住所を有さないので、自治体による印鑑登録証明書が発行されません。

①　在外公館で印鑑登録をする方法

　自治体で印鑑登録を行う場合と同様に、現地の在外公館において印鑑登録を行い、印鑑証明書を発行してもらうことができる場合があります。

　ただし、すべての在外公館で印鑑登録に対応しているわけではありません。例えば、在タイ日本国大使館はホームページで印鑑登録の申請書を掲載しており印鑑登録が可能ですが、在アメリカ日本国大使館ではホームページに印鑑登録の案内がありません。

　そのため、事前に相続人に、居住地の在外公館に印鑑登録が可能か確認してもらうことがよいでしょう。相続人居住地の在外公館での印鑑登録が行えない場合には、②の署名証明書を利用する方法を採ります。

② 署名証明書を利用する方法

　印鑑登録証明書の代わりに、居住地の在外公館（大使館・領事館）で発行される署名証明書（いわゆるサイン証明書）を利用します。なお、日本の在外公館で署名証明書の発行を受けられるのは、日本国籍を有する者（二重国籍を含む）に限られます。

　この署名証明書には、2つの様式があります。一つは、「単独型」と呼ばれるもので、市区町村役場で発行される印鑑登録証明書のように申請人の署名であることを、一枚の証明書として発行する様式です。

　もう一つは「貼付型」と呼ばれるもので、在外公館が発行する証明書と申請者が領事の面前で署名した私文書（遺産分割協議書や遺産分割協議証明書）を綴り合わせて割り印を行う様式です。

　不動産登記手続では、署名証明書を利用する場合には、原則として後者の「貼付型」の署名証明書が求められます。

(2) 相続人が外国籍である場合

① 相続人が日本国内に居住している場合

　外国籍の相続人であっても、日本国内に居住している場合には、居住地の自治体において印鑑登録が可能です。

② 相続人が海外に居住している場合

　ア．印鑑登録制度がある場合

　　中華人民共和国、大韓民国及び台湾などでは、日本の印鑑登録制度と類似の制度があり、印鑑登録証明書を発行してもらうことができます。

　　この印鑑登録証明書により、日本において国内の不動産の登記手続なども可能です。

　イ．印鑑登録制度がない場合

　　相続人が、印鑑登録制度がない国の方である場合には、署名

証明書により代替することになります。

　ただし、外国籍の方は、日本の在外公館で署名証明を受ける
ことはできないので、現地の公証人に証明をしてもらいます。

●税務上の視点

1　納税義務者

　相続人が国外に居住している場合には、相続した財産のうち
日本国内にある財産だけが相続税の課税対象になります。

　ただし、次のいずれかに該当する者が財産を取得した場合に
は、日本国外にある財産についても相続税の対象になります。

⑴　日本国籍を有している人で、被相続人の死亡した日前 10
　年以内に日本国内に住所を有したことがある場合か、同期間
　内に住所を有したことがなく被相続人が外国人被相続人また
　は非居住被相続人でない場合

⑵　日本国籍を有していない外国籍の者で、被相続人が外国人
　被相続人（相続開始の時に在留資格を有し、かつ、日本国内
　に住所を有していた者）、非居住被相続人（相続開始の時に
　日本国内に住所を有していなかった被相続人で、①相続の開
　始前 10 年以内のいずれかの時において日本国内に住所を有
　していたことがある人のうち、そのいずれの時においても日
　本国籍を有していなかった人、または②その相続の開始前
　10 年以内に日本国内に住所を有していたことがない人）ま
　たは非居住外国人でない場合

2　納税管理人の届出

　相続人が海外に居住している場合において、申告書の提出等
国税に関する事項を処理するための納税管理人を定めたときは、
納税者の納税地の所轄税務署に「納税管理人届出書」を提出し
ます。

事例1　特別受益を受けている者がいる場合（相続分不存在）

遺産：不動産

相続人：法令一郎（長男）、法令次郎（二男）、法令三郎（三男）

2020年10月1日に亡くなった法令太郎の相続人は、長男の一郎、二男の次郎及び三男の三郎です。一郎は、2010年5月1日に被相続人から自宅の購入資金として5,000万円の贈与を受けているため、相続財産の不動産は次郎と三郎とで分けることになりました。

遺産分割協議書

本籍　　　：○○県○○市○○町○丁目○番○号
最後の住所：○○県○○市○○町○丁目○番○号
被相続人　：法令太郎（2020年10月1日死亡）

　被相続人の遺産につき、共同相続人法令一郎（以下「甲」という。）、同法令次郎（以下「乙」という。）、及び同法令三郎（以下「丙」という。）は、遺産分割協議の結果、被相続人の遺産を下記のとおり分割した。

1　乙及び丙は、次の不動産を、各 2 分の 1 の割合で取得する。

(1)　土地

所　　在　○○市○○町○丁目

地　　番　○番地

地　　目　宅地

地　　積　○○平方メートル

(2)　建物

所　　在　○○町○丁目○番地

家屋番号　○番

種　　類　居宅

構　　造　○○

床面積　　○○平方メートル

2　甲は、被相続人から 2010 年 5 月 1 日に自宅購入資金として、金 5,000 万円の贈与を受けた。これは特別受益にあたり、贈与の価額が甲の相続分以上となることから、甲は何ら遺産を取得しない。

3　第 1 項の遺産のほかに、新たに被相続人の遺産が発見されたときは、甲、乙及び丙は、その分割方法について協議する。

○年○月○日

【甲（法令一郎）】

住所：

氏名：　　　　　　　実印

【乙（法令次郎）】

住所：

第 2 編　ケース別　遺産分割協議書条項例

氏名：　　　　　　実印

【丙（法令三郎)】
住所：
氏名：　　　　　　実印

相続分不存在証明書

本籍　　　：○○県○○市○○町○丁目○番○号
最後の住所：○○県○○市○○町○丁目○番○号
被相続人　：法令太郎（2020 年 10 月 1 日死亡）

　私、法令一郎は、被相続人から相続分以上の生前贈与を受けているため、被相続人の相続について、受けるべき相続分がないことを証明します。

○年○月○日

住所：○○県○○市○○町○丁目○番○号
氏名：法令　一郎　　　実印

【解説】

　相続人が被相続人から遺贈や一定の生前贈与などを受けている場合に、当該遺贈等により得た財産（特別受益）を考慮せずに遺産分割を行ったのでは、遺贈等を受けた相続人と遺贈等を受けていない相続人との間で不公平が生じます。

　そこで、民法では、共同相続人間の公平を図るために特別受益を

相続財産の前渡しとみて、遺産分割に際して計算上特別受益の生前贈与を相続財産に加えたうえで[3]、各相続人の相続分を算定することにしています（民法903条）。

このように特別受益を相続分算定の基礎に算入する計算上の取扱いを「持戻し」といいます。持戻しをして計算した結果、遺贈または生前贈与の価額が、相続分の価額以上となる場合、遺贈等を受けた相続人はその相続分を受けることができなくなります。

1　特別受益の範囲

(1) 遺　贈

遺贈は、その目的に関係なくすべて持戻しの対象となります。

(2) 生前贈与

生前贈与は、①婚姻、養子縁組のための贈与、及び②生計の資本としての贈与が持ち戻しの対象となります。具体的な贈与がこれらに該当するか否かは、相続財産の前渡しとみられるかどうかを基準に判断されます。そのため、同じ名目であっても、個別の事情によっては異なる判断がされる可能性があります。

① 　婚姻、養子縁組のための贈与

ア．持参金、嫁入り道具

持参金や嫁入り道具は、一般的に特別受益にあたるとされます。

イ．結納金、挙式費用

---

3 遺贈は、相続開始時の相続財産から贈与が行われるため、相続開始時の相続財産にすでに含まれていることから、生前贈与のように相続財産に改めて相続財産に加算することはしません。

結納金や挙式費用は、特別受益にあたらないと判断されることが多かったです。その理由は、結納金や挙式費用を親が負担することが一般的であったため、贈与に該当しないと考えられたためです。しかし、現在では挙式費用を当事者が負担することも多くなってきていることから、今後は判断が変わってくる可能性があります。

② 生計の資本としての贈与

生計の資本としての贈与にあたるか否かは、贈与金額や贈与の趣旨・目的などから判断されます。

ア．住居購入資金

居住用の不動産を贈与したり、その購入資金を贈与することは、一般的に特別受益にあたるとされます。

イ．教育費

教育費が特別受益にあたるか否かは、扶養義務の範囲などとの関係から、被相続人の生前の資産状況や家庭事情など具体的な状況を考慮して判断されます。

ウ．生命保険金

被相続人が死亡したことにより支払われる死亡保険金は、保険金受取人固有の財産となり、特別受益とならないことが原則です。しかし、保険金受取人である相続人とその他の共同相続人との間に生ずる不公平が民法903条の趣旨に照らし到底是認することができないほどに著しいものであると評価すべき特段の事情が存する場合には、同条の類推適用により、当該死亡保険金請求権は特別受益に準じて持戻しの対象となります（最二小判平成16年10月29日）。

2 特別受益者の相続財産の計算例

本事例における相続財産の不動産の相続開始時における価額を1

億円であると仮定して、以下で計算方法を説明します。

（1）みなし相続財産

相続開始時に現存する相続財産の額に、相続人が受けた生前贈与の額を加算したものを「みなし相続財産」といいます。

本事例では、

不動産 1 億円＋一郎への生前贈与 5,000 万円

＝みなし相続財産 1 億 5,000 万円

となります。

（2）一応の相続分

みなし相続財産に、各相続人の相続分を乗じた額が、一応の相続分となります。

本事例では、相続人は全員子どもなので、相続は 3 分の 1 ずつとなり、

みなし相続財産 1 億 5,000 万円× 3 分の 1

＝一応の相続分 5,000 万円

となります。

（3）具体的相続分

一応の相続分から特別受益の額を差し引いて算定されたものが具体的相続分となります。

本事例では、

一郎　　　　　5,000 万円－生前贈与 5,000 万円＝ 0 円

次郎・三郎　各 5,000 万円

3　相続分不存在証明書

　遺産分割協議書の文例では、遺産分割協議書の中で一郎の相続分がないことの確認を行いました。

　しかし、不動産登記手続においては、相続分がない相続人（本事例では一郎）に相続分不存在証明書を提出させたうえで相続分を有する相続人（本事例では次郎と三郎）だけで遺産分割協議書を作成するという方法により、登記することが可能とされています。

　相続分がない相続人が遠隔地に住んでいる場合など、遺産分割協議書への署名等が難しい場合などには、相続財産不存在証明書を活用することも考えられます。

　もっとも、不動産以外の相続財産がある場合には、相続財産不存在証明書では相続手続が進められない可能性もあることから、相続財産不存在証明書を利用する場合には、あらかじめ手続きが必要となる機関に確認したうえで利用するようにしましょう。

コラム　相続の胴体着陸

2007年、乗客・乗員60名を乗せた全日空の"ボンバルディアDHC8-Q400型機"の前輪が出ず高知空港に胴体着陸をしました。この時の様子は当時、テレビで生中継され、日本中が固唾を呑んで見守りました。

機長は急旋回やタッチアンドゴーなどあらゆる手段を試み、何とか車輪を出そうと努力しましたが車輪は出ません。やむなく胴体着陸の決断をしました。

機長の沈着冷静な判断と技量、パニックを防いだ客室乗務員の対応、乗客の協力、天候も幸いし大惨事をまぬがれました。

機内の不安はいかほどか察するに余りあります。ここで注目したいのは、機長が乗客に行ったアナウンスです。「何度も訓練をしているので安心してください」この一言で乗客の気持ちはどのくらい安らぎ救われたことでしょうか。

原因はたった一本のボルトの脱落でした。「ボルトが脱着したのは、製造段階の品質管理や無理なコスト削減の可能性がある。」との話もあります。安全面のコスト削減とはいかがなものか…。常識ではとても考えられません。旅客輸送業は「命預り業」と心すべきです。

親が亡くなると相続が開始します。相続は人生で何度も経験するものではありません。遺族は悲しみに浸る暇もなく、山積する手続きや諸問題に直面します。初めての経験で相続人は不安でいっぱいです。心配で眠れぬ夜もあります。

私は、仕事の依頼を受けたとき、必ず相続人様へ言っている言葉があります。「心配しなくても大丈夫ですよ。安心してください。」この笑顔の一言で相続人の心は安らぎます。　相続

は、いくら悩んでも心配しても、最後にはなるようにしかなりません。だから心配する必要はないのです。

　遺産分割も、「感謝の気持ち」と「譲る心」の両輪が出れば軟着陸でき、相続人全員が幸せになります。「感謝と譲る心」は縄文の大昔から日本人が持っている独自のDNAです。いかにこのDNAを引き出すか全力を尽くしますが、これがなかなか出てきません！

　もし出なければ胴体着陸しかありません。失敗すれば家族崩壊の大惨事を起し、相続人全員が不幸になります。相続の胴体着陸は、パイロットの人間力と高い操縦技術が求められます。

　飛行機はボルト1本の脱落で命取りになります。相続手続も整備不良だとお客様を不幸にしてしまいます。安全面のコストを削減することなく、常に研修や勉強（整備）に励み、人間力（品質管理）の向上を怠らず、相続実務（飛行）に臨みたいと思います。

事例2 特別受益を受けている者がいる場合（持戻免除）

遺産：不動産

相続人：法令一郎（長男）、法令次郎（二男）、法令三郎（三男）

2020年10月1日に亡くなった法令太郎の相続人は、長男の一郎、二男の次郎及び三男の三郎です。一郎は、2010年5月1日に被相続人から自宅の購入資金として5,000万円の贈与を受けていますが、贈与契約書の中で、被相続人が「本贈与に関し、特別受益としての持戻しを免除し、相続財産の算定にあたっては同贈与の価格を相続財産に算入せず、同人の相続分から控除しないものとする。」との持戻免除の意思表示を行っています。

遺産分割協議書

本籍　　　：○○県○○市○○町○丁目○番○号

最後の住所：○○県○○市○○町○丁目○番○号

被相続人　：法令太郎（2020年10月1日死亡）

　被相続人の遺産につき、共同相続人法令一郎（以下「甲」という。）、同法令次郎（以下「乙」という。）、及び同法令三郎（以下「丙」という。）は、遺産分割協議の結果、被相続人の遺産を下記のとおり分割した。

1　甲、乙及び丙は、被相続人が2010年5月1日に自宅購入

資金として甲に贈与した金5,000万円について、被相続人が特別受益の持戻し免除の意思表示をしたことを確認する。

2　甲、乙及び丙は、次の不動産を、各3分の1の割合で取得する。

(1)　土地
　　　所　　　在　○○市○○町○丁目
　　　地　　　番　○番地
　　　地　　　目　宅地
　　　地　　　積　○○平方メートル

(2)　建物
　　　所　　　在　○○町○丁目○番地
　　　家屋番号　○番
　　　種　　　類　居宅
　　　構　　　造　○○
　　　床面積　　　○○平方メートル

3　前項の遺産のほかに、新たに被相続人の遺産が発見されたときは、甲、乙及び丙は、その分割方法について協議する。

○年○月○日

【甲（法令一郎）】
住所：
氏名：　　　　　　　実印

【乙（法令次郎）】
住所：
氏名：　　　　　　　実印

```
【丙（法令三郎）】
住所：
氏名：　　　　　　実印
```

【解説】

　相続人が被相続人から遺贈や一定の生前贈与などを受けている場合に、当該遺贈等により得た財産（特別受益）を考慮せずに遺産分割を行ったのでは遺贈等を受けた相続人と遺贈等を受けていない相続人との間で不公平が生じます。

1　特別受益

　そこで、民法では、共同相続人間の公平を図るために特別受益を相続財産の前渡しとみて、遺産分割に際して計算上特別受益の生前贈与を相続財産に加えたうえで[4]各相続人の相続分を算定し、法定相続分を修正することにしています（民法903条。これを「具体的相続分」といいます）。

　このように特別受益を相続分算定の基礎に算入する計算上の取扱いを「持戻し」といいます。持戻しをして計算した結果、遺贈または生前贈与の価額が具体的相続分の価額以上となる場合、遺贈等を受けた相続人は相続時の遺産から新たに財産を受け取ることができなくなります。

　上記の事例において、被相続人の甲に対する5,000万円の生前贈与は原則として特別受益に該当すると考えられます。その場合、甲は既に多額の財産を取得しているため、相続開始時に残った遺産か

---

[4] 遺贈は、相続開始時の相続財産から贈与が行われるため、相続開始時の相続財産に既に含まれていることから、生前贈与のように相続財産に改めて相続財産に加算することはしません。

ら新たに取得する財産を取得できない可能性があります（多額の特別受益を得ている相続人がいる場合については、本章 事例1 参照）。

2　持戻免除の意思表示とは

　もっとも、特別受益があった場合であっても、被相続人が相続開始時までに遺産分割において特別受益の持戻しをしなくてよいという旨、いわゆる「持戻免除」の意思表示を明示または黙示にしていた場合には、持戻し計算をする必要がありません（民法903条3項）。

　被相続人の意思（生前贈与や遺贈を当該相続人の固有の取り分として与えようとする意思）を尊重することが持戻免除を認める根拠とされています。ただし、持戻しを免除された特別受益が他の相続人の遺留分を侵害している場合については、遺留分侵害額請求の対象となります。

> ●税務上の視点
> 　持戻しの免除について、特段の規定はありません。持戻免除があった場合においても、3年内贈与加算や相続時精算課税贈与財産の加算等に基づいて相続税を計算します。

事例3　特別受益を受けている者がいる場合（夫婦間の持戻免除の推定）

遺産：現金 2,000 万円

相続人：法令花子（妻）、法令一郎（長男）、法令次郎（二男）

2020 年 10 月 1 日に亡くなった法令太郎の相続人は、妻の花子、長男の一郎、及び二男の次郎です。被相続人は、妻の花子に対して、結婚 25 年目の記念として 2020 年 5 月 1 日に、自宅の土地建物を生前贈与しました。

遺産分割協議書

本籍　　　：○○県○○市○○町○丁目○番○号

最後の住所：○○県○○市○○町○丁目○番○号

被相続人　：法令太郎（2020 年 10 月 1 日死亡）

被相続人の遺産につき、共同相続人法令花子（以下「甲」という。）、同法令一郎（以下「乙」という。）、及び同法令次郎（以下「丙」という。）は、遺産分割協議の結果、被相続人の遺産を下記のとおり分割した。

1　甲、乙及び丙は、被相続人が 2020 年 5 月 1 日に、甲に対して贈与した下記自宅不動産について、民法第 903 条第 4 項の規定により、被相続人が甲に対して特別受益の持戻し免除の意思表示をしたものと推定されること、及び当該推定を覆

す事情がないことを確認した[5]。

  (1) 土地

      所   在   ○○市○○町○丁目

      地   番   ○番地

      地   目   宅地

      地   積   ○○平方メートル

  (2) 建物

      所   在   ○○町○丁目○番地

      家屋番号   ○番

      種   類   居宅

      構   造   ○○

      床面積   ○○平方メートル

2　甲、乙及び丙は、現金2,000万円について、甲が1,000万円、乙及び丙が各500万円を取得する。

3　前各項の遺産のほかに、新たに被相続人の遺産が発見されたときは、甲、乙及び丙は、その分割方法につき協議する。

○年○月○日

【甲（法令花子）】

住所：

氏名：　　　　　　　　実印

【乙（法令一郎）】

---

[5] 必ずしも推定を覆す事情がないことを遺産分割協議書において確認しなければならないわけではありません。しかし、一回的かつ最終的な解決を図るという意味では、念のため推定を覆す事情がないことを相続人間で確認し、遺産分割協議書に記載しておくことが望ましいと考えます。

```
住所：
氏名：　　　　　　　実印


【丙（法令次郎）】
住所：
氏名：　　　　　　　実印
```

【解説】

　相続人が被相続人から遺贈や一定の生前贈与などを受けている場合に、当該遺贈等により得た財産（特別受益）を考慮せずに遺産分割を行ったのでは、遺贈等を受けた相続人と遺贈等を受けていない相続人との間で不公平が生じます。

　そこで、民法は、共同相続人間の公平を図るために特別受益を相続財産の前渡しとみて、遺産分割に際して計算上特別受益の生前贈与を相続財産に加えたうえで[6]、各相続人の相続分を算定することにしています（民法 903 条）。

　このように特別受益を相続分算定の基礎に算入する計算上の取り扱いを「持戻し」といいます。持戻しをして計算した結果、遺贈または生前贈与の価額が相続分の価額以上となる場合、遺贈等を受けた相続人は、その相続分を受けることができなくなります。

1　持戻免除の意思表示とは

　被相続人が、相続開始時までに、遺産分割において特別受益の持戻しをしなくてよいという旨、いわゆる「持戻免除」の意思表示を

6　遺贈は、相続開始時の相続財産から贈与が行われるため、相続開始時の相続財産に既に含まれていることから、生前贈与のように相続財産に改めて相続財産に加算することはしません。

明示または黙示にしていた場合には、持戻し計算をする必要があり
ません（民法903条3項）。

　被相続人の意思（生前贈与や遺贈を当該相続人の固有の取り分と
して与えようとする意思）を尊重することが、持戻免除を認める根
拠とされています。ただし、持戻しを免除された特別受益が他の相
続人の遺留分を侵害している場合については、遺留分侵害額請求の
対象となります。

2　夫婦間の持戻免除の推定規定

　2019年7月1日施行の改正民法により、婚姻関係（法律婚に限
られ、事実婚の期間は含まれません）が20年以上の夫婦の一方で
ある被相続人が、配偶者に対しその居住の用に供する建物またはそ
の敷地について贈与したときは、その遺贈または贈与について持戻
免除の意思表示をしたものと推定されます（民法903条4項）。同
様に、配偶者居住権が遺贈された場合も、持戻免除の意思表示をし
たものと推定されます（民法1028条3項、903条4項）。なお、改
正法は、施行日前にされた遺贈または贈与については適用されま
せん。

●税務上の視点

　持戻しの免除について特段の規定はありません。持戻免除が
あった場合においても3年内贈与加算等に基づいて相続税を
計算します。ただし、自宅または自宅取得資金の生前贈与につ
いて「贈与税の配偶者控除」の適用を受けていた場合には、そ
の控除額（最高2,000万円）までは3年内贈与加算は適用あ
りません。

コラム　　まずは理解者になる

　相続や身の上で悩んで相談に来る人は、解決者ではなく理解者の存在を求めています。ここを認識し対応しないと問題の本質が見えてきません。

　NPO法人相続アドバイザー協議会では、行政や社会福祉協議会などの後援を得て全国展開している相続フォーラムがあります。基調講演や複数のミニセミナーも行われます。私は、「心の相続」をテーマに基調講演も何回か務めさせていただきました。

　同時に複数のブースを設け相続相談会も行います。相続アドバイザー養成講座（40時間）を修了し、一定の研修を受けた会員が相談員を務めています。そこには毎回多くの市民が相談に訪れます。

　経験の浅い相談員は、専門家として解決者になってしまい、答えを出してしまったらそこで話は止まってしまいます。話を十分傾聴し、相手から「この人は自分の気持ちをわかってくれる」と思ってもらうことです。感極まって泣かれてしまうこともあります。そして本音が出てきます。本音が出れば問題の本質が見えてきます。本質が見えたら理解者から解決者の立場になり、専門家として問題の解決を考えていきます。

　資産家の父親が亡くなりました。相続人は母親と長女とAさん（長男）です。跡取り息子のAさんはそれなりの不動産を相続しました。

　残念なことに、Aさんは子宝に恵まれませんでした。そして、不幸にも55歳の若さで急逝してしまいました。

相続人はＢさん（奥様）と母親です。長女が「弟の固有の財産は相続してもよいが、先の相続で父から相続した不動産はすべてを母に相続させなさい。」と遺産分割に口をはさんできました。

　長女は、連日のように遺産分割協議書にハンコを押せと迫ってきます。精神的に追い詰められたＢさんは私のところへ相談に来ました。話を十分に傾聴し思いを全部吐き出してもらいました。

　そこで、法律を頭から外しＢさんの幸せを考えてみました。争えば2/3は取れるでしょう。しかし、同じ敷地内に住んでいる長女一家と嫌な思いをしながら10年20年と過ごさなければなりません。ご主人が残した固有の財産は、独り身のＢさんには足りる財産です。

　Ｂさんはまだ50歳です。「ここは譲ってしまい、これからの10年20年を明るく楽しく過ごしましょう。財産でなく自分の幸せを取りましょう。」これが私の答えでした。Ｂさんはこの一言でハッとし、大事なことに気づき、あとは号泣でした。

　翌日、吹っ切れたＢさんから別人のような声で電話が入りました。「遺産分割協議書にハンコを押しました。」Ｂさんはその後、実家の近くに移り充実した日々を過ごしています。

　Ｂさんは、私に今でも毎年欠かさず季節の品を送ってくれます。お礼の電話を入れると明るい声が返ってきます。13年前の相続案件ですが、あの時のアドバイスは間違っていなかったと思っています。

> **事例4**　生前に相続人の配偶者が特別の寄与をしていた場合

遺産：不動産　預金

相続人：法令一郎（長男）、法令次郎（二男）

2020年10月1日に亡くなった妻・法令花子の相続人は、長男の一郎、及び二男の次郎です。夫・太郎の死後、花子は徐々に認知症が進行して、5年前から常時介護が必要になったため、次郎の配偶者である桜子は仕事を辞めて花子の介護をしてくれていました。花子の遺産について、次郎の寄与分に配慮した形で遺産分割を行いました。

遺産分割協議書

本籍　　　：○○県○○市○○町○丁目○番○号
最後の住所：○○県○○市○○町○丁目○番○号
被相続人　：法令花子（2020年10月1日死亡）

被相続人の遺産につき、共同相続人法令一郎（以下「甲」という。）、及び同法令次郎（以下「乙」という。）は、遺産分割協議の結果、被相続人の遺産を下記のとおり分割した。

1　甲及び乙は、乙の妻桜子が被相続人の療養看護に努めたことに関し、桜子との間で特別寄与料として○○○○万円を支払う合意をしたことを相互に確認する。

2　甲は、別紙遺産目録1記載の不動産を取得する。

3　乙は、別紙遺産目録2記載の不動産を取得する。

4　甲及び乙は、別紙遺産目録3記載の預金を、各自の持ち分2分の1の割合で取得する。

5　甲及び乙は、協力して前項の預金全額の払い戻しを受け、払戻金全額を第1項の特別寄与料として乙の妻桜子に支払うものとする。

6　別紙遺産目録記載の遺産以外に、新たに被相続人の遺産が発見されたときは、甲及び乙は、その分割方法について協議する。

令和○年○月○日

【甲（法令一郎)】
住所：
氏名：　　　　　　　実印

【乙（法令次郎)】
住所：
氏名：　　　　　　　実印

【解説】

　民法904条の2が規定する寄与分を主張できるのは、同条1項に「共同相続人中に」と規定されていること、寄与分が具体的な相続分算定のための修正要素であることから、遺産分割協議に参加することができる共同相続人に限られます。

　しかし、実際には、相続人の配偶者が被相続人の療養看護している場合など、相続人本人の寄与行為とはいえないもの、相続人ではない親族の貢献に対する配慮が必要な場合があります。

　これまでは、相続人でない者の貢献を共同相続人自身の寄与行為と同視できるような場合には、当該相続人の寄与分として主張ができる（東京高裁平成 22 年 9 月 13 日決定など）という実務上の運用により、一部配慮がなされていました。もっとも、相続人でない者の貢献を共同相続人自身の寄与行為と同視できない場合には、当該貢献に対する配慮が全くなされないという状況がありました

　そこで、2019 年 7 月 1 日施行の改正民法により、一定の要件を満たす相続人でない者が、被相続人の財産の維持または増加について特別の寄与をした場合、相続人に対して「特別寄与料」を請求できる制度が導入されました（民法 1050 条）。

1　特別寄与料の要件

(1) 請求権者

　特別寄与料を請求できる者（特別寄与者）は、被相続人の親族であって、相続人でない者です。ただし、相続放棄をした者、欠格事由に該当する者、または廃除によって相続権を失った者は除きます。

　内縁の配偶者や同性のパートナー等、現在の法律で被相続人の親族に当たらない者は、特別寄与料の請求はできません。内縁の配偶者等を含めると、内縁の配偶者等に該当するか否かについて争われて、相続をめぐる紛争がより複雑化、長期化するおそれがあるため、被相続人の親族に限定されました。

（2）対象行為等

　被相続人に対し無償で療養看護その他労務を提供したことにより、被相続人財産の維持または増加について特別の寄与をしたことが、「特別寄与料」を請求できる要件となります。

　相続人の寄与分と異なるのは、無償であることが要求されていること、及び労務提供に限られることです。つまり、特別寄与者が被相続人から対価を得ていた場合や、寄与行為が財産上の給付である場合には、特別寄与料の請求が認められません。

　そのため、寄与分でいうところの事業従事型と療養看護型が、特別寄与料の対象となる主な寄与行為となります。

2　特別寄与料の請求

　特別寄与者は、相続人に対して特別寄与料を請求することになります。特別寄与料の額は、原則として特別寄与者と相続人の協議によって定められ、協議が調わない場合または協議をすることができないときは、特別寄与者が家庭裁判所に対して協議に代わる処分を請求することができます。

　特別寄与者が相続の開始及び相続人を知った日から6か月経過したとき、または相続を開始した時から1年を経過したときは、特別寄与料の請求ができなくなります（前者の6か月の期間制限が除斥期間か消滅時効期間であるかは争いがあります。特別寄与者としては、時効と異なり完成猶予や更新が認められない除斥期間であることを前提に対応することが安全です）。

3　特別寄与料の負担

　相続人が複数いる場合には、各相続人はその相続分（法定相続分

が原則ですが、遺言による相続分の指定がある場合にはそれによります）に応じた特別寄与料の支払い義務を負担します（民法1050条5項）。

●税務上の視点

　特別寄与料を取得した者は、特別寄与料を被相続人から遺贈により取得したものとみなして相続税を計算します。一方、特別寄与料を支払った者は、その特別寄与料相当額を債務控除として控除します。

事例5　寄与分

遺産：不動産　預金
相続人：法令一郎（長男）、法令次郎（二男）
2020年10月1日に亡くなった法令花子の相続人は、長男の一郎及び二男の次郎です。夫・太郎の死後、花子は徐々に認知症が進行して、5年前から常時介護が必要になったため、次郎は仕事を辞めて花子の介護をしてくれていました。花子の遺産について、次郎の寄与分に配慮した形で遺産分割を行いました。

遺産分割協議書

　本籍　　　：○○県○○市○○町○丁目○番○号
　最後の住所：○○県○○市○○町○丁目○番○号
　被相続人　：法令花子（2020年10月1日死亡）

　被相続人の遺産につき、共同相続人法令一郎（以下「甲」という。）、及び同法令次郎（以下「乙」という。）は、遺産分割協議の結果、被相続人の遺産を下記のとおり分割した。

1　甲及び乙は、別紙遺産目録記載の財産が被相続人の遺産であること及びその遺産の相続開始時における価額が金○○○○万円であることを、相互に確認する。

2　甲及び乙は、乙が被相続人の療養看護に努めたことによる乙の寄与分を○○○○万円と定める。

3　甲は、別紙遺産目録1記載の預金○○○○万円のうち、○○○○万円を取得する。

4　乙は、別紙遺産目録1記載の預金○○○○万円のうち、○○○○万円及び別紙遺産目録2記載の不動産を取得する。

5　乙は、第2項記載の寄与行為について、今後甲に対し不当利得返還請求その他一切の財産上の請求を行わない。

6　別紙遺産目録記載の遺産以外に、新たに被相続人の遺産が発見されたときは、甲及び乙は、その分割方法につき協議する。

令和○年○月○日

【甲（法令一郎)】
住所：
氏名：　　　　　　　実印

【乙（法令次郎)】
住所：
氏名：　　　　　　　実印

【解説】

　寄与分とは、共同相続人中に、被相続人の財産の維持または増加について特別の寄与をした者があるときは、寄与をした相続人に対して相続分に寄与分を加えた財産を取得させることにより、共同相続人間の公平を図る制度をいいます（民法904条の2）。

寄与分の金額は、原則として相続人全員の協議によって定められます。協議によって寄与分の金額を定める場合には、金額の算出方法に制限はありません。しかし、その協議が調わない場合には、家庭裁判所が、寄与の時期、方法及び程度、相続財産の額その他一切の事情を考慮して審判により決定します。

　共同相続人以外の親族が寄与行為を行った場合の特別寄与料については、本章 事例 4 を参照ください。

1 「特別の寄与」の意味

　寄与分が認められるためには、被相続人の財産の維持または増加させる相続人による寄与行為があっただけでは足りず、当該寄与行為が「特別の寄与」といえることが必要です。

　この「特別の寄与」とは、被相続人と相続人との間の身分関係に基づいて通常期待される程度を超える貢献をいいます。そのため、夫婦間の扶助義務（民法 752 条）や親族間の扶養義務（民法 877 条 1 項）の範囲内の行為、例えば食事の用意などの日常的な家事などでは、「特別の寄与」があったとは認められません。

　家庭裁判所が「特別の寄与」を認めた主な類型として次のようなものがあります。

　① 相続人が、無報酬またはこれに近い状態で、一定期間継続的に（少なくとも 3 年程度）、被相続人が営む家業などに従事していた場合（事業従事型）

　② 相続人が被相続人に対して、不動産の購入資金を融通するなど、被相続人に対して財産上の給付を行った場合（財産出資型）

　③ 相続人が、無報酬またはこれに近い状態で、一定期間継続的に（1 年以上が多いです）、被相続人の療養看護を行った場合（療養看護型）

④　相続人が、一定期間継続的に（家庭裁判所が認めた事例では、20 年間など長期間にわたって扶養している例が多くみられます）、被相続人の扶養義務がないのに扶養を行った場合や、その分担義務を著しく超えて被相続人を扶養した場合（扶養型）

⑤　相続人が、無償またはこれに近い状態で一定期間継続的に（被相続人に代わって一時的に管理をしたのでは足りないとされています）、被相続人に代わって財産の管理を行っていた場合（財産管理型）

相続と三尺三寸箸

　「地獄でも極楽でも、食卓にはたっぷりのご馳走が用意されています。ただし、どちらの住人も、三尺三寸（約１メートル）の箸を使って食べなければなりません。

　地獄の住人は、先を争って長い箸で口に入れようとするが、届くはずもなく飢えてやせ細くなっています。しかし、極楽の住人を見れば、同じ長い箸でご馳走をつまみ、向い合う人の口に、どうぞと食べさせています。互いに与え合い、楽しく満ち足りた心持ちで暮らしています。」これは三尺三寸箸と呼ばれる仏教説話です。

　では、この三尺三寸箸を相続に置き換えてみました。

　「食卓には親が残したたっぷりのご馳走（遺産）が用意されています。相続人は、三尺三寸の箸でこのご馳走を食べなければなりません。

　ある相続人は、親が残してくれたご馳走は「当たり前」だと思っているため、感謝の気持ちなど全くありません。先を争って長い箸で口に入れようとしますが、届くはずもなく身も心も荒んできます。一方、ある相続人は、親が残してくれたご馳走は「ありがたい」と思っており、感謝の気持ちがあるから譲ることができます。長い箸で他の相続人に、どうぞと食べさせてあげます。こちらが譲るから、相手もどうぞと食べさせてくれる、互いが譲り合うから、楽しく満ち足りた心持ちになり、幸せに暮らすことができるのです。」私はこれを相続の三尺三寸箸と呼んでいます。

　我欲で三尺三寸箸を使ったら、相続人は幸せになれません。まして奪い合ったら、兄弟姉妹の縁は切れてしまいます。相続

が原因で切れた縁は、元に戻ることはありません。

　ところが、長い間切れていた兄弟姉妹の縁が、相続をきっかけとして元に戻ることが稀にあります。

　父親が亡くなり長女（Ａさん）から相続手続の依頼を受けました。遺産は預貯金と自宅です。相続人は母親と子どもが４人です。

　相続人の一人である弟は、30年間行方不明です。一人でも欠けたら相続の手続きはでません。疎遠になった原因は弟にあり、すでに兄弟姉妹達は縁を切っているとのことでした。

　戸籍を追うと、弟は広島にいることが判明しました。弟に相続人である旨の手紙を出しました。広島から電話が入りました。母親と同居し世話をしているＡさんが遺産を相続することで、他の相続人とは、すでに合意していることを弟に伝えました。

　数回のやり取りの後、弟は気持ちよくハンコを押してくれました。弟の対応を知ったＡさんは、昔のことは忘れると言ってくれました。つまり、お互いが三尺三寸箸を上手に使ったのです。

　相続手続も終わり、Ａさんに広島へお礼の電話を入れてくれるようお願いしました。弟はとても喜んでくれたそうです。Ａさんは他の兄弟とも相談し、弟を父親の一周忌に呼ぶそうです。

　見えない力を感じることがあります。兄弟姉妹の縁が戻ったのも、亡き父親が導いてくれたような気がしてなりません。

第２編

ケース別　遺産分割協議書条項例

事例6 相続分の譲渡

遺産：現金3,000万円
相続人：法令花子（妻）、法令一郎（長男）、法令次郎（二男）

2020年10月1日に亡くなった法令太郎の相続人は、妻である花子、長男の一郎、及び二男の次郎です。次郎は、病弱だった父太郎に代わって年の離れた兄の一郎が大学費用を出してくれたため、次郎自身の相続分を一郎に無償で譲渡しました。そのため、一郎と次郎は相続分譲渡証書を交わし、花子と一郎で遺産分割協議を行いました。

遺産分割協議書

本籍　　　：○○県○○市○○町○丁目○番○号
最後の住所：○○県○○市○○町○丁目○番○号
被相続人　：法令太郎（2020年10月1日死亡）

　被相続人の遺産につき、共同相続人法令花子（以下「甲」という。）、及び同法令一郎（以下「乙」という。）は、遺産分割協議の結果、被相続人の遺産を下記のとおり分割した。

1　甲及び乙は、現金3,000万円について、甲と乙が各1,500万円を取得する。

2　前項の遺産以外に、新たに被相続人の遺産が発見されたときは、甲及び乙はその分割方法について協議する。

令和○年○月○日

【甲（法令花子）】

住所：

氏名：　　　　　　　　実印

【乙（法令一郎）】

住所：

氏名：　　　　　　　　実印

相続分譲渡証書[7]

　本籍　　　：○○県○○市○○町○丁目○番○号

　最後の住所：○○県○○市○○町○丁目○番○号

　被相続人　：法令太郎（2020年10月1日死亡）

　乙は、甲に対し、被相続人の相続について、乙の相続分全部を無償で譲渡し、甲はこれを譲り受けた。

令和○年○月○日

【甲（法令一郎）】

住所：

氏名：　　　　　　　　実印

【乙（法令次郎）】

住所：

7　無償バージョン

氏名：	実印

相続分譲渡証書 [8]

本籍　　　：○○県○○市○○町○丁目○番○号
最後の住所：○○県○○市○○町○丁目○番○号
被相続人　：法令太郎（2020 年 10 月 1 日死亡）

　乙は、甲に対し、被相続人の相続について、乙の相続分全部を金○○○○円で譲渡し、甲はこれを譲り受けた。

令和○年○月○日

【甲（法令一郎)】
住所：
氏名：　　　　　　　　実印

【乙（法令次郎)】
住所：
氏名：　　　　　　　　実印

【解説】

　相続分は、相続人が有する遺産に対する割合的な持分であり、財産的な価値を有します。そのため、相続人の意思によって、自身の相続分の全部または一部を第三者（相続人以外でも可）に譲渡することができます。民法にも、相続分を譲渡することができることを

8　有償バージョン

前提とした規定（民法 905 条）が置かれています。

相続分譲渡は、次のような目的で利用されます。

① 　内縁の配偶者のように法的には相続人となりえないが、事実上は相続人といえるような者を遺産分割協議に関与させるため

② 　数次相続の場合など相続人が膨大な数に上る場合などに、遺産分割協議に関与する人数を絞るため

③ 　他の共同相続人に相続分を譲渡することで、早期に相続財産の換価を実現するため

1　手　続

相続分の譲渡は、相続開始後から遺産分割までの間であればいつでも可能であり、その方式も問いません。

2　効　果

(1) 原　則

相続分の譲渡とは、遺産全体に対する共同相続人が有している包括的持分（割合的な持分）または法律上の地位の譲渡を移転することをいいます。

つまり、相続分の譲渡を行うと、預金などのプラスの財産と、借金などのマイナスの財産（相続債務）とを含んだ遺産全体に対する譲渡人の相続人が有する割合的な持分が、譲受人に移転します。

このように、譲渡人と譲受人間では、相続債務も含めて包括的持分が、譲受人に移転します。そのため、相続分の全部を譲渡した相続人は、その後の遺産分割協議書に署名押印する必要はありません。

(2) 相続債務の債権者との関係

　他方で、相続債務の債権者との関係では、譲渡人は相続分の譲渡による免責を主張することはできないと解されています。相続分の譲渡は、相続債務の債権者のあずかり知らぬところで行われることから、債権者の意思と関係なく譲渡人を免責すべきではないと解されるためです。

　したがって、相続債務の債権者は、譲渡人と譲受人いずれに対しても相続債務の履行を請求することができます。

(3) 譲渡の効果発生時期

　相続分の譲渡には、遺産分割のように相続時に遡って効力を生じる旨の規定がないため、譲渡したときに効果を生じます。

> ●税務上の視点
> 　最終的に、財産を相続した妻花子と長男一郎が相続税の計算をし、必要に応じて申告及び納付を行うこととなります。

事例7　相続分の放棄

遺産：現金 3,000 万円

相続人：法令花子（妻）、法令一郎（長男）、法令次郎（二男）

2020 年 10 月 1 日に亡くなった法令太郎の相続人は、妻である花子、長男の一郎、及び二男の次郎です。一郎は、成人してから家を出て疎遠になっていたため、遺産はいらないということで、相続分の放棄をしました。そのため、一郎から相続分放棄書を提出してもらい、花子と次郎で遺産分割協議を行いました。

遺産分割協議書

本籍　　　：○○県○○市○○町○丁目○番○号

最後の住所：○○県○○市○○町○丁目○番○号

被相続人　：法令太郎（2020 年 10 月 1 日死亡）

　被相続人の遺産につき、共同相続人法令花子（以下「甲」という。）、及び同法令次郎（以下「乙」という。）は、遺産分割協議の結果、被相続人の遺産を下記のとおり分割した。

1　甲及び乙は、現金 3,000 万円について、甲が 2,000 万円、乙が 1,000 万円を取得する。

2　前項の遺産以外に、新たに被相続人の遺産が発見されたときは、甲及び乙はその分割方法について協議する。

令和○年○月○日

【甲（法令花子）】

住所：

氏名：　　　　　　　実印

【乙（法令次郎）】

住所：

氏名：　　　　　　　実印

相続分放棄書

本籍　　　：○○県○○市○○町○丁目○番○号

最後の住所：○○県○○市○○町○丁目○番○号

被相続人　：法令太郎（2020 年 10 月 1 日死亡）

　被相続人の相続について、不動産や預貯金等の一切の遺産に関する私の相続分を放棄します（自己の相続分は、すべていりません）。

令和○年○月○日

住所：○○県○○市○○町○丁目○番○号

氏名：法令　一郎　　実印

【解説】

　相続分は、相続人が有する遺産に対する割合的な持分であり、財

産的な価値を有します。そのため、相続人の意思によって、相続分を放棄して、遺産を取得しないということが、実務上認められています。

1　手　続

相続分の放棄は、相続開始後から遺産分割までの間であれば、いつでも可能であり、その方式も問いません。

ただし、実務上は、相続分の放棄の意思を明確化するため、相続人本人に相続分放棄書のような書面を作成して、署名、実印での押印及び印鑑登録証明書の添付を求めることが一般的です。

2　効　果

相続分の放棄をすると、遺産を取得しないことになります。その結果、実務においては、相続分の放棄者の相続分が他の相続人に対して相続分の割合に応じて帰属すると解する見解が有力です（片岡武・管野眞一編著「第4版　家庭裁判所における遺産分割・遺留分の実務」2021年、日本加除出版、130頁）。

本事例では、この見解に基づき、花子（相続分1／2）と次郎（相続分1／4）の割合に応じて、相続分を放棄した一郎の相続分を取得したことを前提に、遺産の取得割合を定めています。

具体的には、以下の割合で一郎の相続分が各人に帰属します。

一郎の相続分である1／4を、花子2：次郎1の割合で帰属するので、

花子：2／12

次郎：1／12

その結果、以下の相続分となります。

花子　一郎の相続分 2 ／ 12 ＋自己の相続分 1 ／ 2 ＝ 2 ／ 3
次郎　一郎の相続分 1 ／ 12 ＋自己の相続分 1 ／ 4 ＝ 1 ／ 3

3　相続放棄との違い

「相続分の放棄」と「相続放棄」（民法 938 条）は、用語は似ていますが法的効果は全く異なると解されています。

(1)　相続債務との関係

「相続分の放棄」は、相続人としての地位を失うことがないため、相続債務（被相続人の借金などマイナスの遺産）の負担を免れることができません。つまり、被相続人の債権者に対して、相続分の放棄をしたから債務を請求しないように主張することができません。

他方で、「相続放棄」は、相続人が相続放棄を行うと初めから相続人とならなかったものとみなされるため（民法 939 条）、プラスの遺産を取得しないだけでなく、マイナスの遺産（相続債務）の負担からも解放されます。

したがって、被相続人に多くの借金がありその相続債務の負担から免れたいと相続人が考えた場合には、「相続分の放棄」ではなく、「相続放棄」を選択すべきです。

なお、相続放棄は、原則として相続人が相続開始を知ったときから 3 か月以内に行わなければならない（民法 915 条 1 項本文）とされているので注意が必要です。この期間は、期間内に裁判所に申し立てを行うことで伸長することも可能です（同項但し書き）。

(2) 他の相続人の持ち分への影響

　相続分の放棄をした場合、他の相続人の持ち分への影響は、上記のとおり、相続分の放棄者の相続分が他の相続人に対して相続分の割合に応じて帰属すると解されています。

　本事例では、一郎が相続分の放棄をした結果、花子の相続分が2/3、次郎の相続分が1/3となりました。

　これに対して、相続放棄をした場合には、初めから相続人とならなかったものとみなされます。

　例えば、本事例で一郎が相続分の放棄でなく、相続放棄していたと仮定すると、一郎は最初から相続人とはならないため、相続人は花子と次郎だけとみなされます。その結果、花子の相続分が1/2、次郎の相続分が1/2となります。

> **●税務上の視点**
>
> 　最終的に、財産を相続した妻・花子と二男・次郎が相続税の計算をし、必要に応じて申告及び納付を行うこととなります。なお、法定相続人の数の算定には長男・一郎も含まれますので、基礎控除額などに増減はありません。

　５年前にご主人を亡くし、子どもがなく一人暮らしの奥様が亡くなりました。第３順位の相続で奥様の兄弟姉妹が相続人となります。

　３人が山口県、１人が佐賀県に住んでいます。末弟（Ａさん）が上京し、葬儀や遺品整理など一切を済ませ山口に帰りました。遺産のマンション売却と相続手続を一括してできるところを紹介してほしいと、葬儀社が頼まれ私を紹介してくれました。

　Ａさんはすでに山口に帰ってしまい、紹介された後は電話と郵便でのやり取りをしました。一度もお会いしたことはありませんが、私を信頼しすべてを任せてくれました。

　相続人の確定をしてみると、父親は離婚し先妻に長男を託し再婚し、後妻との間に４人の子供がいます。被相続人を除き山口在住で両親を同じくする兄弟（全血兄弟）が３人、佐賀在住で父親のみを同じくする兄弟（半血兄弟）が１人、相続人は４人です。

　半血兄弟の相続分は全血兄弟の1/2です。それでは各相続人の相続分を出してみましょう。①全血兄弟と半血兄弟全員の人型を書いてください。②全血兄弟の前に団子を２個置きます。③半血兄弟の前には団子を１個置きます。③全部の団子の数（７個）が分母になります。各相続人の前にある団子の数が分子となります。相続分は全血兄弟が2/7で、半血兄弟は1/7となります。

　労の多かったＡさんがマンションを取得し、費用をすべて差し引き残ったお金は全員に各相続分で分配することを提案し

ました。

　この種の相続は先妻の子と後妻の子の人間関係の良し悪しが遺産分割に影響してきます。半血兄弟とは疎遠でほとんど付き合いがなかったそうです。これは「まずいな」と思いました。

　「どこの馬の骨かわからない奴に任すことなどできるか」と言っていた半血兄弟の長男ですが、最後は誠意が通じ、心を開いてくれました。そして、奥様の相続は無事に終了しました。

　ところがやっかいな問題が残りました。マンションは亡くなったご主人との共有になっています。まだ相続手続をしていません。この相続を処理しなければマンションは売却できません。

　相続人はご主人の兄弟姉妹が 6 人で全員が北海道に住んでいます。ご主人が亡くなった瞬間に 3/4 が奥様に移っており、相続人は全部で 10 人です。奥様側の兄弟は A さんに譲り、相続分を放棄しましたが、ご主人側の兄弟は全員が相続分を主張してきました。

　A さんが共有持分を取得し、代償金をご主人の兄弟に払うことで話はまとまりました。あとはマンションを売却し一件落着です。

　鴨はスイスイと優雅ですが、外から見えぬ水面下では激しく足を動かしています。相続実務もさりげなく見えます。しかし、外から見えぬ水面下では多くのエネルギーを消耗します。

　案件が無事完了した時は、近くのそば屋で達成感と疲れが混じった身を癒します。この時に一人飲むお酒の味は格別です。

財産に関する条項等

事例1 不動産①現物分割

法令太郎が亡くなった後、太郎の妻である花子が
自宅で1人で暮らしていたのですが、花子が亡く
なり、長女・春子と長男・一郎で遺産分割するこ
とになりました。春子は一切遺産を取得しない代
わり、一郎が自宅を取得し、同不動産の住宅ローン
も一郎が負担することとなりました。

遺産分割協議書

本籍　　　：東京都○区○○1-2-3
最後の住所：東京都○区○○1-2-3
被相続人　：法令花子（令和○年○月○日死亡）

　法令春子（以下「甲」という。）及び法令一郎（以下「乙」
という。）は、被相続人の遺産について、本日、遺産分割協議
を行い、本書のとおり合意した。

1　乙は、次の不動産（以下「本件不動産」という。）を取得
　する。
　（土地）所　　在　　○○区○○台○丁目
　　　　　地　　番　　○番○

```
            地　　　目　宅地
            地　　　籍　○○.○㎡
（建物）　所　　　在　○○区○○台○丁目○番地
            家屋番号　○番○
            種　　　類　居宅
            床面積　　１階　○○.○㎡
                      ２階　○○.○㎡
```

2　乙は、本件不動産に設定された被相続人の○○銀行に対する平成○年○月○日付け金銭消費貸借契約に基づく借入債務（相続時の元本○○円。以下「本件借入債務」という。）のうち、甲が相続によって承継した２分の１の負担部分の履行を引き受け、甲に代わってこれを弁済する。

3　甲は、乙に対し、○○銀行から本件借入債務について請求を受けてその負担部分の一部または全部を支払った場合、その支払金について求償することができる。

4　乙は、○○銀行に対し、本件借入債務の債務者を被相続人から乙に変更する手続きをとることとする。甲はこれに必要な協力をする。

5　この遺産分割協議書に記載した遺産以外に、新たに被相続人の遺産が発見されたときは、甲及び乙はその分割方法について協議する。

以上のとおり、相続人全員による遺産分割が成立したので、本協議書を２通作成し、署名押印のうえ各自１通保管する。

令和　年　月　日

【甲（法令春子)】

住所：

氏名：　　　　　　　　　　　　実印

【乙（法令一郎】

住所：

氏名：　　　　　　　　　　　　実印

【解説】

　この事例では、住宅ローンが残ったままの自宅不動産を遺産分割する場合を取り上げました。

1　不動産が区分所有建物の場合

　事例と異なり、遺産である不動産が区分所有建物の場合、次のように不動産を特定することになります。

　1　乙は、次の不動産（以下「本件不動産」という。）を取得する。

　　（一棟の建物の表示）

　　所　　　在　　　○○区○○台○丁目○番○号

　　建物の名称　　　○○マンション

　　（敷地権の目的である土地の表示）

　　土地の符号　　　○

　　所在及び地番　　○○区○○台○丁目○番○

　　地　　目　　　　○○

```
地　　籍　　　○○．○㎡
（専有部分の建物の表示）
家屋番号　　　○○台○丁目○番○
建物の名称　　○○
種　　類　　　○○
構　　造　　　○○
床面積　　　　○○．○㎡
（敷地権の表示）
土地の符号　　○○
敷地権の種類　○○
敷地権の割合　○○分の○○
```

2　住宅ローンの負担者を定める方法

　住宅ローンは、銀行に対する金銭債務です。一般に、金銭債務は、相続開始と同時に、各相続人がその相続分に従って負担することになります。そのため、住宅ローンの債権者である銀行は、それぞれの相続人に対し、相続分に応じて請求できることになります。

　もっとも、不動産を取得しなかった相続人がその不動産の住宅ローンを負担するのは、バランスを欠きます。そのため、事例のように、不動産を取得した相続人が履行の引き受けをするなどして調整するのがよいでしょう。

想定外を受け入れる

　ある日の夕方、母親から相談を受けました。長男夫婦はマンションを購入し実家を出ています。「同居し面倒をみてもらっている娘夫婦に自宅を相続させたい、明日入院をするので、もしものことがあったら悔やむから、遺言を作りたい」とのことです。他の所にも相談したのですが断られたので私の所へ来たそうです。

　そこで、固定資産税の納付書で不動産を特定し、自筆証書遺言を書いてもらいました。母親は次の日に入院し、帰らぬ人となりました。

　後日、娘さんが遺言を持って相談に来ました。父親はすでに他界し相続人は兄と妹です。兄は自筆証書遺言を見て、母親の意思ならばと、妹が自宅を取得することを承諾してくれました。遺言は使わず、遺産分割協議で決めることになりました。

　土地やアパートが多くを占める財産構成の中で、不動産をどう遺産分割に反映させていくか難しいところです。この相続も不動産の価値で意見が対立し揉めに揉めました。苦労させられましたが、ようやくまとまり明日は遺産分割協議書への署名捺印です。

　夕方、妹から電話が入りました。ある人から「それでいいのですか」と言われたそうです。この人に不動産の価値やこれまでの経緯などわかりません。ここで話が壊れたら今までの苦労が水の泡です。寝つきの悪い夜を過ごしました。

　予想しなかった想定外のことでした。妹を説得するには時間がありません。翌朝一番で兄に事情を説明し半歩譲っていただき、代償金の調整で何とか収まり、無事に遺産分割協議書に署

名捺印をもらうことができました。

「なぜ余計なことを言ったんだ、どうしてくれるんだ」そんな気持ちになっていたらハンコは揃わなかったでしょう。この事実を受け入れたから冷静な判断ができたのだと思います。

今、私は第 3 相続順位（兄弟姉妹）の相続案件を引き受けています。遺産分割も円満に合意し、あとは遺産分割協議書への署名捺印を待つばかりです。ひと息ついていると相続人から突然電話が入りました。「えらいことが起きてしまった」とのことです。

相続人の一人が昨日交通事故で亡くなったとのことです。これも想定外でした。しかし、現実を受け入れるしかありません。「対応するから心配しないでください」と伝えました。

亡くなった相続人は、相続人と被相続人の立場になります。遺産分割協議書の表示は、相続人兼被相続人となります。幸いに亡くなった相続人の子どもたちが、合意している内容を承諾してくれました。新たな相続人の確定作業や、相続税の申告なども煩雑になりましたが完了する目途がつきました。

仕事や人生において予想していない想定外のことなど、いつ起きるかわかりません。大事なことはその事実を正面から受け入れて対応する心構えです。

事例2 不動産②代償分割

亡法令太郎には、遺産として自宅不動産のみがありました。そこで、妻・花子が単独で取得し、長男・一郎に代償金を支払うこととなりました。

遺産分割協議書

本籍　　　：東京都○区○○1－2－3

最後の住所：東京都○区○○1－2－3

被相続人　：法令太郎（令和○年○月○日死亡）

法令花子（以下「甲」という。）及び法令一郎（以下「乙」という。）は、被相続人の遺産について、本日、遺産分割協議を行い、本書のとおり合意した。

1　甲は、次の不動産を取得する。

　（土地）所　　在　○○区○○台○丁目

　　　　　地　　番　○番○

　　　　　地　　目　宅地

　　　　　地　　籍　○○.○㎡

　（建物）所　　在　○○区○○台○丁目○番地

　　　　　家屋番号　○番○

　　　　　種　　類　居宅

　　　　　床面積　　1階　○○.○㎡

　　　　　　　　　　2階　○○.○㎡

2　甲は、乙に対し、令和○年○月○日限り、前項の遺産取得

の代償として各〇〇円を、乙の指定する口座（〇〇銀行〇〇支店普通預金、口座番号〇〇、口座名義法令一郎）に振り込んで支払う。振込手数料は甲の負担とする。

3　この遺産分割協議書に記載した遺産以外に、新たに被相続人の遺産が発見されたときは、甲及び乙はその分割方法について協議する。

　以上のとおり、相続人全員による遺産分割が成立したので、本協議書を2通作成し、署名押印のうえ各自1通保管する。

　令和　年　月　日

【甲（法令花子）】
　住所：
　氏名：　　　　　　　　　　実印

【乙（法令一郎）】
　住所：
　氏名：　　　　　　　　　　実印

【解説】

　各相続人にはそれぞれ相続分がありますが、遺産が自宅しか存在しない場合など、相続分のとおりに分割すると不都合なことがあります。そのような場合、ある相続人が遺産を取得する一方、他の相続人に対し、代償金（例えば、遺産の評価額から自己の相続分額を控除した額に相当する金額など）を支払い、相続人間の調整を行うことがあります。

代償金は多額となる場合があるため、代償金を支払う側の資力を確認するとともに、代償金の支払いが確実になるよう担保を設定することが考えられます。

1　代償金の支払いを分割払いとする場合

代償金が多額となる場合、一括ではなく分割での支払いを約することがあります。その場合、支払いが遅れたときに備えて、例えば、支払いを怠ったときに期限の利益を喪失することや、遅延損害金の定めることも考えられます。

2　甲は、乙に対し、前項の遺産取得の代償として金〇〇円を支払う義務があることを確認し、これを次のとおり分割して支払う。

(1)　令和〇年〇月から令和△年△月まで、毎月末日限り　金●●円

(2)　令和□年□月□日限り　金■■円

3　甲が前項の支払いを怠り、その合計額が▲▲円に達したときは、当然に期限の利益を喪失し、甲は、乙に対し、前項柱書記載の代償金から既払い金を控除した残額及びこれに対する期限の利益を喪失した日の翌日から支払済みまで年〇％の割合による遅延損害金を支払う。

2　代償金の未払いに備えて抵当権を設定したり、連帯保証人を立てたりする場合

多額となりうる代償金の支払いを確実にするため、抵当権を設定

したり、第三者を連帯保証人に立てたりすることが考えられます。

○　甲は、第○項の支払いを担保するため、第1項記載の不動産に、乙を債権者とし、債権額を○○円とする第1順位の抵当権を設定し、その旨の登記手続をする。ただし、この登記手続は、甲が不動産の相続登記をする際に同時に行うこととし、登記手続費用は甲の負担とする。

○　丙は、甲の乙に対する第○項の支払いを担保するため、乙に対し、甲の債務を連帯して保証する。

…（中略）

【丙（連帯保証人)】

住所

氏名　　　　　　　　　　　　　　実印

●税務上の視点

　代償金の交付を受ける者は、代償金額を含めて相続税を計算します。一方、代償金を支払う者は、その代償金額を控除して相続税を計算します。

コラム　迷ったら損を選ぶ

　遺産分割で財産を多く取得した相続人が、自分の財産の一部を他の相続人に渡し、バランスを調整する分割の仕方を代償分割といいます。渡す財産がお金なら「代償金」になります。少額なら俗にハンコ代とも呼ばれています。

　父親の相続で長男から相談を受けました。母親はすでに他界しており、相続人は長男と二男の２人です。長男は家を出て大手の企業に勤めています。二男夫婦が家業の食堂を継ぎ、同居の母親と父親を看取りました。

　遺産は、店舗兼居宅の土地建物と預貯金です。相続税の課税はありません。親の面倒と家業を継いでくれた二男夫婦に感謝し、長男は財産を譲りました。

　遺産分割協議書の調印も終わり、二男が全財産を相続しました。しばらくして、兄貴これは俺の気持ちだと、二男が800万円ほどの現金を持ってきてくれました。これが贈与になるかとの相談です。

　単に、気持ちとして受け取ったお金や、ハンコ代では贈与となり一定額（110万円）を超えると贈与税の対象となります。気持ちやハンコ代は、遺産分割での代償金として渡せば贈与にはなりません。遺産分割協議書の中に「800万円を代償金として払う」と、加筆し明記しておくことをアドバイスしました。

　「ハンコ代の相場を教えてほしい。」これもよく聞かれます。相続は人の顔が違うように、同じものは何一つありません。財産、家族構成、相続人の考えや状況により異なります。だから

答えはありません。あえて言うなら時価です。

　ただし、ハンコ代を200万円にしようか、100万円にしようか……。代償金にしても、1,000万円にしようか、2,000万円にしようか……。払う相続人が迷っているときは、自分に損なほうを選ぶことをアドバイスします。

　例えば、葬儀の香典で5,000円でよいか、いや1万円にしようかと、迷った経験をお持ちの方もいると思います。迷ったときは1万円（自分に損なほう）を包んでください。

　相続人Aさんは、借金コンクリートのピカピカマンションと、築年数20年の木造アパートと、どちらを相続したらよいか迷っています。「迷っているなら自分に損なほうを選びましょう」とアドバイスし、Aさんは木造アパートを相続しました。

　それから数年が経ち、不動産事情は様変わりしました。Aさんが相続した木造アパートは天下無敵の無借金（金の成る木）です。競合物件に賃料も対応できるし、固定資産税やメンテナンスの負担も少なくて済みます。Aさんの手元にはお金が残っていきます。

　何事も迷って判断ができないときは、自分に損なほうを選んでください。事が円滑に進み、将来の幸せにつながります。「損（譲）して得（徳）とる」先人が長い経験から得た珠玉の名言です。

事例3　不動産③換価分割

法令太郎が亡くなった後、妻・花子が自宅で一人で暮らしていたのですが、花子が亡くなり、長女・春子と長男・一郎で遺産分割することになりました。長女も長男も別に自宅を構えているため、遺産である自宅は売却してその代金を分割することとしました。

遺産分割協議書

本籍　　　：東京都○区○○1-2-3
最後の住所：東京都○区○○1-2-3
被相続人　：法令花子（令和○年○月○日死亡）

　法令春子（以下「甲」という。）及び法令一郎（以下「乙」という。）は、被相続人の遺産について、本日、遺産分割協議を行い、本書のとおり合意した。

1　甲及び乙は、次の不動産（以下「本件不動産」という。）を、各2分の1の割合で共有取得する。
　（土地）所　　在　○○区○○台○丁目
　　　　　地　　番　○番○
　　　　　地　　目　宅地
　　　　　地　　籍　○○.○㎡
　（建物）所　　在　○○区○○台○丁目○番地
　　　　　家屋番号　○番○
　　　　　種　　類　居宅

床 面 積　1階　○○.○㎡

2階　○○.○㎡

2　甲及び乙は、共同して本件不動産を売却し、その売却代金から売却に要する一切の費用（不動産仲介手数料、契約書作成費用、登録免許税）を控除した残額を前項の共有持分に従って取得する。

3　甲は、本件不動産を売却して買主に引き渡すまで、これを管理することとし、甲及び乙は、その管理費用を第1項の共有持分割合に従って負担する。

4　この遺産分割協議書に記載した遺産以外に、新たに被相続人の遺産が発見されたときは、甲及び乙はその分割方法について協議する。

以上のとおり、相続人全員による遺産分割が成立したので、本協議書を2通作成し、署名押印のうえ各自1通保管する。

令和　年　月　日

【甲（法令春子)】

住所：

氏名：　　　　　　　　　　　実印

【乙（法令一郎)】

住所：

氏名：　　　　　　　　　　　実印

【解説】

　事例のように、引き継ぐ相続人のいない自宅不動産を売却すると
いった、遺産を売却しその代金をもって分割する方法を代償分割と
いいます。

1　売却を相続人の一部に委任する場合

　共同相続人が全員そろって売却を行う場合、調整等が難しいこと
があります。そこで、売却手続を特定の相続人に委託する方法が考
えられます。その場合、委託後の紛争を可能な限り少なくするた
め、最低売却価額や売却期限を定めることが望ましいと考えられま
す。

　2　甲は、乙に対し、本件不動産を令和○年○月○日までに○
　　○円以上の価格で売却し、その売却代金から売却に要する一
　　切の費用（不動産仲介手数料、契約書作成費用、登録免許
　　税）を控除した残額を前項の共有持分に従って分割すること
　　について、一切の件を委任する。

2　売却や管理を第三者に委任する場合

　売却や管理について、相続人が行うことが負担となる場合があり
ます。そこで、売却や管理を第三者（例えば、不動産業者）などに
依頼することが考えられます。

　2(1)　甲及び乙は、○○株式会社（住所：東京都○区○台○丁
　　目○号○番。代表取締役：田中五郎。以下「丙」という。）
　　に対し、甲及び乙の代理人として、本件不動産を令和○年

○月○日までに○○円以上の価格で売却し、その売却代金から売却に要する一切の費用（不動産仲介手数料、契約書作成費用、登録免許税）を控除した残額を前項の共有持分に従って分割する一切の件を委任する。

(2)　甲及び乙は、前記(1)に定める本件不動産の売却及び売却代金の分割が完了したときは、丙に対し、報酬として○円（消費税別）を支払うこととする。

3(1)　甲及び乙は、川田しずか（以下「丁」という。）に対し、本件不動産を売却し買主に引き渡すまでの期間、これを管理することを委任する。

(2)　甲及び乙は、前項の本件不動産の管理費用として、丁に対し、報酬として月額○○円を支払う。報酬は、第1項の共有持分割合により甲乙負担することとする。

●税務上の視点

1　相続税

　一旦、売却予定不動産を共有にて取得しているため、当該不動産につき相続開始時点の評価をしたうえで、その評価額の各2分の1を取得したとして相続税を計算します。

2　譲渡所得税

　2人で不動産を売却したこととなります。譲渡所得税が発生する場合にはそれぞれが確定申告をし、納付する必要があります。なお、この事例に場合には、取得費加算や相続空家の3,000万円の控除が適用できる可能性がありますので、各適用要件等をご確認ください。

亡妻・法令花子には、各種の有価証券しか遺産が
ありませんでした。そこで、夫・太郎、長女・春
子及び長男・一郎で、遺産分割協議を行いたいと
思っています。

遺産分割協議書

　本籍　　　：東京都○区○○１－２－３
　最後の住所：東京都○区○○１－２－３
　被相続人　：法令花子（令和○年○月○日死亡）

　法令太郎（以下「甲」という。）、法令春子（以下「乙」とい
う。）及び法令一郎（以下「丙」という。）は、被相続人の遺産
について、本日、遺産分割協議を行い、本書のとおり合意した。

１　甲は、次の遺産を取得する。
　　株式
　　○○株式会社　普通株式　○○株

２　甲は、前項の遺産の取得の代償として、乙及び丙に対し、
　　令和○年○月○日限り、それぞれ金○○円を支払う。

３　乙は、次の遺産を取得する。
　　社債
　　第×回××株式会社××社債
　　額面××円　償還日令和×年×月×日

4　丙は、次の遺産を取得する。

国債

第△回個人向け利付国庫債券　固定△年

額面△△円　償還日令和△年△月△日

5　この遺産分割協議書に記載した遺産以外に、新たに被相続人の遺産が発見されたときは、甲、乙及び丙はその分割方法について協議する。

以上のとおり、相続人全員による遺産分割が成立したので、本協議書を3通作成し、署名押印のうえ各自1通保管する。

令和　年　月　日

【甲（法令太郎）】

住所：

氏名：　　　　　　　　　　実印

【乙：法令春子）】

住所：

氏名：　　　　　　　　　　実印

【丙（法令一郎）】

住所：

氏名：　　　　　　　　　　実印

【解説】

　国債や社債は、金銭債権一般とは異なり、相続開始と同時に当然に分割されず、遺産分割をする必要があります（最判平成26年2月25日）。

　株式については、取得者が株主であることを明らかにするため名義変更等の手続きが必要です。例えば、上場株式の場合、株式を管理する信託会社等に連絡をして株主名簿の書き換え等の手続きをします。また、非上場株式の場合、一般には譲渡制限がある場合が多いので、取得者は譲渡の承認を得る手続きをする必要があります。

1　有価証券の特定方法

　有価証券を特定する方法は、次のようにするのがよいでしょう。
・株式：発行会社、株式の種類（普通、優先等）、株数
・社債、国債：銘柄名、額面金額、償還日

2　同一銘柄を複数の相続人で取得する場合

　事例では、各銘柄をそれぞれ一人の相続人が取得する条項を掲げましたが、同一銘柄を複数の相続人で分け合うことも可能です。

　その場合、各相続人の取得割合を分数などで記載すると、場合によっては、小数点以下の端数（株式では単元未満株）が生じてしまい、その後の処理が煩瑣となります。そのため、可能な限りどの相続人が何株（何円）取得するのか、具体的な数字で記載することをお勧めします。

　1　甲、乙及び丙は、被相続人の保有する（1）の遺産を
　（2）のとおり分割して取得する。
　（1）株式

　　　　○○株式会社　普通株式　500 株
（2）甲：300 株
　　　乙：100 株
　　　丙：100 株

3　代償金について

　有価証券は、銘柄ごとにその価値が異なります。高い価値を有する有価証券を取得した相続人と他の相続人との不公平を調整するため、事例では、第 2 項で、代償金を支払うことを定めています。

●税務上の視点

1　相続税

　相続税の計算にあたっては、財産評価基本通達に基づいて評価した価額にて計算します。したがって、相続開始後に売却した価格は関係ありません。

2　譲渡所得税

　譲渡所得税がかかる場合には、取得費加算が適用できる可能性がありますので、適用要件等をご確認ください。

コラム　相続を成功させる秘訣

　生前の相続対策には大きく分けて 3 つの対策があります。

　1 つ目は「遺産分割対策」です。遺言の作成、資産の整理や組替えなど、争いを予防し、かつ親の財産を分けやすくしておく対策です。

　2 つ目は「相続税納税対策」です。税額を把握し、納税用の売却予定地の整備、生命保険の活用など、相続人全員が円滑に相続税を納税できるよう準備しておく対策です。「どう分けて」「どう納めるか」この 2 つは相続対策で最も優先すべき重要な対策です。

　3 つ目は「相続税節税対策」です。資産の評価減や暦年贈与など、相続税をいかに減らすことができるかの対策です。

　これらのどれも必要な対策が、この 3 つが同じ方向を向いてくれません。それどころか正反対に向かってしまうこともあります。つまり、この 3 つの顔はそれぞれ性質が違うのです。

　例えば、更地に賃貸マンションを建てると、建物の相続税評価額は建築費の約半額で評価されます。底地は貸家建付地として減額されます。資産を組み替える（現金→建物）ことで評価が下がり、相続税を減らすことができますので、節税対策としては成功です。

　しかし、相続税納税のため、このマンションを売ることになりました。収益物件は家賃利回りで価格が決まります。借入金を精算したら手元にお金は残りません。更地の駐車場にしておけば相続税は十分に払えたはずです。納税対策としては失敗です。

　借金すれば相続税が減ると錯覚している人がたくさんいま

す。ひと頃、借金コンクリートで賃貸物件を建てる、節税対策が営業のツール（道具）としてさかんに使われました。

　「相続対策になりますよ」→営業マン「いくらでもお貸ししますよ」→支店長「このままでは土地を失いますよ」→先生、相続対策は相続税を減らす節税対策の独壇場でした。また、節税対策としてヘリコプターの購入を勧められた地主もいましたが、さすがに買うのは見合わせたそうです。

　バブルが崩壊し、不動産の価値は下がり続けます。しかし、借金の価値は一緒には下がってくれません。デフレする不動産、デフレしない借金です。相続対策のつもりで建てた賃貸物件も空室が目立ちはじめ、借入金の返済にも影を落とします。「あの営業マン、あの支店長、あの先生は何だったんだ！」と思いますが、この人達を恨んではいけません。最後に決めたのは自分です。これが自己責任というものです。

　人間には欲があります。「相続税は減らしたい」「円滑な納税もしたい」「土地は失いたくない」この 3 つすべてを手に入れようとします。そこで、相続を切り口に、資産家の欲につけ込み、己の利益を優先してしまう輩はたくさんいます。

　得ることは捨てることだと心得てください。土地に執着しなければ財産は残せます。譲り合えば円満分割で幸せが得られます。何を優先させるのか、方向が定まったら他を捨てることです。相続を成功させるコツは欲張らないことです。

事例5 動産を遺産分割する場合

亡法令太郎の残した動産類について、残された妻・花子、長女・春子及び長男・一郎で遺産分割をしたいと思っています。

遺産分割協議書

本籍　　　　：東京都○区○○１－２－３
最後の住所：東京都○区○○１－２－３
被相続人　：法令太郎（令和○年○月○日死亡）

　法令花子（以下「甲」という。）、法令春子（以下「乙」という。）及び法令一郎（以下「丙」という。）は、被相続人の遺産について、本日、遺産分割協議を行い、本書のとおり合意した。

1(1)　甲、乙及び丙は、被相続人が保有する次の動産を、甲が持分２分の１、乙及び丙が各４分の１の割合で取得する。
　　　普通自動車　　１台
　　　車　　名　　　○○
　　　登録番号　　　練馬○○か○○―○○
　　　車台番号　　　第○○○○号
　　　名義人　　　　法令太郎
　(2)　甲、乙及び丙は、前項の動産を売却するものとし、甲及び乙は丙にその売却を委託する。丙は、売却代金から諸費用を控除した残額を上記(1)記載の持分に応じて分配するものとする。

2 甲は、被相続人が保有する次の現金及び動産を取得する。
　現金　〇円
　指輪　別紙1添付の写真のもの

3 乙は、被相続人が保有する次の現金及び動産を取得する。
　現金　〇円
　絵画　別紙2添付の写真のもの

4 丙は、被相続人が保有する次の動産を取得する。
　腕時計　別紙3添付の写真のもの

5 この遺産分割協議書に記載した遺産以外に、新たに被相続人の遺産が発見されたときは、甲、乙及び丙はその分割方法について協議する。

　以上のとおり、相続人全員による遺産分割が成立したので、本協議書を3通作成し、署名押印のうえ各自1通保管する。

令和〇年〇月〇日

【甲（法令花子)】
　住所：
　氏名：　　　　　　　　　　　実印

【乙（法令春子)】
　住所：
　氏名：　　　　　　　　　　　実印

【丙（法令一郎)】

住所：
氏名：　　　　　　　　　　実印

【解説】

　遺産である動産類を遺産分割する場合の条項例です。また、現金は、可分債権として当然分割とはならず、遺産分割の対象となりますので（最判平成4年4月10日）、遺産分割協議書にその分割方法を記載する必要があります。

1　動産類の特定方法

　動産類について、言葉で表現して特定することが難しい場合も多いです。その場合、例えば、写真を撮影し写真目録で動産を特定する方法があります。

2　動産類の一切を1人の相続人に承継させる場合

　動産類については、すべてを特定することは困難な場合が多いため、例えば次のように、特に他の相続人が取得するものを除き、自宅を相続した相続人がそのまま動産類も相続する方法が考えられます。

　1　乙は、次の遺産を取得する（略）

　2　丙は、次の遺産を取得する（略）

　3　甲は、前各項記載の遺産を除き、自宅（東京都○区○台○
　　丁目○番○号）にある被相続人所有の動産一式を取得する。

　また、すべての動産を1人が取得し、代償金を支払って調整する方法もあります。

1　甲は、被相続人所有の動産すべてを取得する。

2　甲は、前項の遺産の取得の代償として、乙及び丙に対し、令和〇年〇月〇日限り、各〇〇円を支払う。

3　動産類（の一部）を売却のうえ、売得金を分割する場合

　事例では、動産類の一部を売却し売得金を分割する例を挙げました。この場合、亡くなった被相続人の所有名義のままでは売ることはできないため、いったん、持分を定めて相続人の共有とし、その上で共同で売却して売得金を共有持ち分に応じて分配することになります。

4　現金に外貨が含まれている場合

　現金に外貨が含まれている場合、どこの通貨か及びその金額により特定をします。また、日々の為替相場による外貨の価値変動についても配慮が必要になります。

1　甲、乙及び丙は、被相続人が保有する現金を次のとおり分割して取得する。
　（1）甲　現金100万円
　（2）乙　1万米ドル
　（3）丙　現金50万円及び5,000米ドル

---

2 甲、乙及び丙は、前項の米ドルについて、為替変動による
 精算を行わない。

事例6　預貯金を遺産分割する場合

夫・法令太郎が亡くなり、遺産として預貯金のみがありました。そこで、妻・花子と長女・春子及び二女・夏子の間で、法定相続分のとおり遺産分割をすることになりました。

遺産分割協議書

本籍　　　：東京都○○区○○町○○丁目○番○号
最後の住所：東京都○○区○○町○○丁目○番○号
被相続人　：法令太郎（2020年○月○日死亡）

　法令太郎の妻である共同相続人法令花子（以下「甲」という。）、長女である共同相続人法令春子（以下「乙」という。）及び二女である法令夏子（以下「丙」という。）は、法令太郎の遺産について遺産分割協議を行い、本書のとおり合意した。

1　次の遺産につき、甲が各2分の1、乙が各4分の1、丙が各4分の1の割合で取得する。
　①　○○銀行　○○支店　普通預金　口座番号○○○○○○○
　　　金○○○○円（令和○年○月○日現在）
　②　○○銀行　○○支店　定期預金　口座番号○○○○○○○
　　　金○○○○円（令和○年○月○日現在）

2　甲、乙及び丙は、前項の各遺産につき、口座解約及び払戻し手続又は名義変更手続を行うに際して相互に協力する。

3　この遺産分割協議書に記載した遺産以外に、新たに被相続人の遺産が発見されたときは、甲、乙及び丙はその分割方法について協議する。

　　本合意の成立を証するため、本協議書3通を作成し、各自1通を保有する。

令和○年○月○日

【甲（法令花子）】
　住所：
　氏名：　　　　　　　　実印

【乙（法令春子）】
　住所：
　氏名：　　　　　　　　実印

【丙（法令夏子）】
　住所：
　氏名：　　　　　　　　実印

【解説】

　本遺産分割協議書は、被相続人の法令太郎が亡くなり、法令太郎の共同相続人である法令花子、法令春子及び法令夏子の間で、法令太郎の遺産である①普通預金、②定期預金を分割したケースです。
　遺産分割協議の結果、上記①普通預金、②定期預金のいずれも、法定相続分[9]どおりに法令花子、法令春子及び法令夏子がそれぞれ

---

[9]　法令太郎の配偶者である法令花子の法定相続分は2分の1、法令太郎の子である法令春子及び法令夏子の法定相続分は各4分の1です（民法900条1号、4号）。

取得することになりました。

1　預貯金は遺産分割の対象となること

　従来、金融機関に対する債権である預貯金は、相続開始と同時に、当然に相続分に従って分割されるため、遺産分割の対象とはならないとされており、これが判例の一貫した立場でした。

　その後、判例は、普通預金、通常貯金及び定期貯金に関し、これらが遺産分割の対象になると立場を変更しました（最高裁平成28年12月19日大法廷決定・民集70巻8号2121頁）。そのため、現在では、預貯金は遺産分割の対象となりますので、相続人間で遺産分割協議を行い、その結果を遺産分割協議書にまとめる必要があります。

2　預貯金の特定の方法（協議書1条）

　後日、遺産分割の対象となった預貯金について、相続人や金融機関との間で争いが生じることは望ましくありません。そのため、遺産分割協議書には、特定の預貯金であることが明確になるように記載することが重要です。

　特定の方法としては、①金融機関名、②支店名、③預貯金の種類（普通預金、定期預金等）、④口座番号を記載することが一般的です。そのほか、口座の名義が被相続人の氏名と正確に一致しない場合（屋号付きなど）は、⑤口座名義を併せて記載することが有益です。

　これに加え、ある時点（例えば、相続開始時点）における預貯金の残高を明記しておくと、相続人間の認識相違による争いを防止することが期待できます。

3 解約及び引出しまたは名義変更手続について規定すること（協議書2条）

　預貯金は、金融機関に対する債権なので、遺産分割協議の結果に従った処理を実現するためには、預貯金の解約及び引出しまたは名称変更手続（ある特定の相続人1名が預貯金を取得する場合）の手続きを行うことが必要です。

　それぞれの手続方法や、その際に必要な書類等については、各金融機関によって定められていますので、事前に金融機関のホームページを確認したり、電話で問い合わせたりするのがよいでしょう。

　実際のところは、払戻請求書に各相続人の署名押印が必要であるなど、相続人全員の協力が必要である場合が多いです。そのため、本協議書2条のように、相続人間で解約等の手続きに協力する旨を定め、相続人間の認識を一致させておくことが望まれます。

4 預貯金ごとに相続する人を定める場合〈応用ケース〉

　1　預貯金
　（1）甲が取得する遺産
　①　○○銀行　○○支店　普通預金　口座番号○○○○○○
　　　金○○○○円（令和○年○月○日現在）

　（2）乙が取得する遺産
　②　○○銀行　○○支店　定期預金　口座番号○○○○○○
　　　金○○○○円（令和○年○月○日現在）

　特定の相続人が、特定の預貯金を単独で取得するケースの条項で

す。預貯金の特定の方法は、前述 2 で述べたことと同様です。

　このようなケースの場合、預貯金の残高やその他の遺産の内容によっては、法定相続分どおりの分割ができず、各相続人が取得する遺産に過不足が生じることも想定されます。そのような場合は、併せて代償分割を利用することが考えられます（代償分割については、本章 事例 2 を参照）。

5　共同相続人の1人に払戻手続等を委任する場合

> 2　甲は、共同相続人を代表して、前項の各遺産につき、口座解約及び払戻手続または名義変更手続を行い、乙及び丙の取得分を、乙及び丙が指定する預貯金口座に振り込むことにより支払う。なお、振込手数料は甲（乙及び丙）の負担とする。

　特定の相続人に、預貯金の解約及び払戻し、または名称変更手続を委任するケースの条項です。

　このようなケースの場合、共同相続人を代表する相続人（上記の条項においては甲）が、単独で預貯金の解約等手続を行ったうえで、他の相続人に対しては、それぞれの取得分に相当する金額を振り込むなどの方法で分割を実行することが考えられます。

　なお、特定の相続人が他の共同相続人を代表して手続きをする関係上、金融機関から委任状を求められることが一般的です。そのため、あらかじめ各金融機関に確認しておくとよいでしょう。

6 遺産分割前に一部の共同相続人が遺産である預貯金の払戻しを行っていた場合

> 2　甲、乙及び丙は、乙が前項②の普通預金口座から、令和○年○月○日に払戻しを受けた金○○円につき、本協議において遺産分割の対象とすることに同意する。

※基本ケースの遺産分割協議書における2条（払戻手続に関する規定）は、3条に移動します。

　相続に関する民法の規定が改正されたことにより、2019年7月1日以降に開始した相続に関する遺産分割では、その遺産分割前に遺産の一部が処分された場合であっても、共同相続人全員の同意により、その処分された財産が遺産分割の時に遺産として存在するものとみなすことができるとされました（民法906条の2第1項）。

　本ケースは、この改正規定に従って、共同相続人の全員が、遺産分割前における特定の相続人による預貯金の払戻しについて、これを遺産分割の対象とすることに同意をした場合の条項です。[10]

　なお、改正法は、相続開始後、遺産分割前における遺産の一部処分を対象としたものであるため、相続開始前に特定の相続人が財産の一部を処分していた場合を規律するものではありません。もっとも、相続開始前において、共同相続人の一人が、被相続人の財産の

10　なお、民法906条の2第2項では、払戻しを行った特定の相続人については、その同意を得ることを要しないとされていることから、例えば上記ケースにおいては、払戻しを行った乙の同意は必要ない（甲と丙の同意のみで、乙が払戻しを受けた分につき、遺産分割の対象とすることができる）。もっとも、乙が、自身が払戻しを受けたことを否定している等の場合、乙の同意は不要といえども、かかる条項を含む遺産分割協議書に乙が署名押印をしないことが多いと思われる。そのため、相続開始後、特定の相続人による預貯金の払戻しがある場合において、遺産分割調停などの法的手続きによらずこれを遺産分割の対象とすることができるのは、結局のところ、払戻しをした本人を含めて共同相続人全員が納得しているケースに限られるといえよう。

一部処分を行っていた場合であっても、共同相続人全員が同意することによって、これを遺産分割の対象とすることに問題はありません。

7　遺産分割前に一部の相続人が遺産である預貯金の仮払いを受けていた場合

> 2　甲、乙及び丙は、乙が前項②の普通預金口座から、令和○年○月○日に払戻しを受けた金○○円については、乙がこれを遺産分割により既に取得したものとみなすことを相互に確認する。

※基本ケースの遺産分割協議書における2条（払戻手続に関する規定）は、3条に移動します。

　相続に関する民法の規定が改正されたことにより、2019年7月1日以降に開始した相続に関する遺産分割では、各共同相続人が、遺産である預貯金のうち、相続開始時の残高の3分の1に法定相続分を掛けた金額（金融機関ごとに150万円が上限）までの払戻しを受けることができるようになりました。この場合、払戻しを受けた金額については、払戻しを行った共同相続人が遺産分割によって取得したものとみなされます（民法909条の2）。

　本ケースは、この改正規定に従って、共同相続人の一人が遺産である預貯金から一定の金額の払戻しを行っていた場合の条項です。この改正規定の適用については、上記6のケースと異なり、共同相続人の同意は求められていませんので、あえて遺産分割協議書に記載しないケースも多いでしょう。もっとも、遺産分割協議の全容を明らかにし、共同相続人間の後日の紛争を防止するためにも、確認的な意味合いで記載することは有益であると考えられます。

ちょっと待った！　その賃貸併用住宅

　「借金をしてアパートを建てると、相続対策になる」と多くの人は思っています。確かに1億円の借金をしたなら、資産から1億円が債務控除されます。これで相続税が安くなると誤解してしまいます。

　借金は返済しなければなりません。ひとくちに35年といっても気が遠くなる時間です。相続税が安くなったと錯覚しますが、相続税が借金と入れ替わったことに気がつく人はいるでしょうか。

　借金をしても相続税を減らす節税効果は生じません。仮に、資産が2億円で負債が0円とします。2億円－0円＝2億円（課税価格）です。この課税価格に対し相続税が課税されます。

　銀行から1億円の借金をします。手元にあるうちは資産が1億円増えますが、借金も1億円あるので、資産と負債が行って来いで借金しても課税価格は変わらず相続税も変わりません。

　ならば、借金で得た1億円でアパートを建てたならどうなるか、建築費1億円のアパートの相続税評価額は約70％です。さらに借家権割合が減額され、約5,000万円の評価となります。1億円の借金に対し、資産は5,000万円しか増えません。この差に節税効果が生じます。相続税が安くなるのは借金ではなく、借金で得た現金でアパートを建てるからです。借金をしないで手持ち資金でアパートを建てれば、シンプルで確実な相続税対策になるでしょう。

　新築する建物を区分所有登記にしたいと、顔見知りのAさんが相談に来ました。そこで、この登記のメリット・デメリット

を話しました。Ａさんの賃貸併用住宅の事業プランを聞いて耳を疑いました。

◎１階フロアが自宅部分（自分達の居住エリア）

◎２階３階が賃貸部分で４室（１室賃料12万円）

◎キャシュフロー（返済後の手取り）10万円

◎建築費8,000万円、全額借入35年返済。

あまりにも無謀な事業計画です。手漕ぎボートに家族全員を乗せ外洋に出ていくようなもので、転覆したら万事休すです。

新築物件なので取りあえず満室になると思われますが、新築の雰囲気などは５年がいいところです。

また、キャシュフローが10万円しかありません。もし、１室でも空室が発生したら「持ち出し」です。２室空いたらさらに持ち出しです。手持資金が底をついたら返済不能、銀行に抵当権を実行（競売）され自宅まで失うことになります。

相手は建てることしか考えていません。お客様が途中で行き詰まろうが、そんなことは関係ありません。最後はすべて自己責任です。

冷静に考えれば、賃貸併用住宅の居住部分は、生涯において空室を抱えるのと同じです。仮に全部が賃貸だとしても、全額借入35年返済のアパート経営など綱渡りをするようなものです。

その気になっていたＡさんですが、私の話を聞いて冷静さを取り戻し、家族会議を開きこの事業計画を白紙に戻しました。おかげで間一髪セーフ、Ａさんと家族の人生を守ることができました。

夫・法令太郎が亡くなり、遺産として妻・法令花子に対する貸付金がありました。そこで、長女・春子及び二女・夏子とも相談し、花子が貸付金を取得することとなりました。

遺産分割協議書

本籍　　　：東京都○○区○○町○○丁目○番○号
最後の住所：東京都○○区○○町○○丁目○番○号
被相続人　：法令太郎（令和○年○月○日死亡）

　法令太郎の妻である共同相続人法令花子（以下「甲」という。）、法令太郎の長女である共同相続人法令春子（以下「乙」という。）及び法令太郎の二女である法令夏子（以下「丙」という。）は、法令太郎の遺産について遺産分割協議を行い、本書のとおり合意した。

1　甲、乙及び丙は、次の各債権を遺産分割の対象とすることに合意し、次に定めるとおり分割する。
（1）甲が取得する債権
　①　貸付金債権1
　　　　貸付年月日：令和○年○月○日
　　　　貸付金額：金1,000万円
　　　　債務者：法令花子（住所　○○県○○市○○町○丁目○番○号）
　　　　返済期限：令和○年○月○日

　　　利　　　息：なし

2　甲は、貸付金債権1の債務者である法令花子に対し、同債権の遺産分割の内容を明らかにしたうえで、甲の法定相続分2分の1を超えて同債権のすべての持分を取得した旨を通知する。

3　この遺産分割協議書に記載した遺産以外に、新たに被相続人の遺産が発見されたときは、甲、乙及び丙はその分割方法について協議する。

　本合意の成立を証するため、本協議書3通を作成し、各自1通を保有する。

令和○年○月○日

【甲（法令花子）】
住所：
氏名：　　　　　　　　実印

【乙（法令春子）】
住所：
氏名：　　　　　　　　実印

【丙（法令夏子）】
住所：
氏名：　　　　　　　　実印

【解説】

　本遺産分割協議書は、被相続人の法令太郎が亡くなり、法令太郎の共同相続人である法令花子、法令春子及び法令夏子の間で、法令太郎の遺産である貸付金債権1（債務者法令花子）を分割したケースです。

　遺産分割協議の結果、甲が単独で上記貸付金債権1を取得することになりました。

1　可分債権が遺産分割の対象となる場合（協議書第1条）

　貸付金債権のような可分債権は、相続開始と同時に、当然に相続分に従って分割されるため、各相続人は遺産分割を待たずして法定相続分に従った債権額を取得することになります（最一小判昭和29年4月8日民集8巻4号819頁）。したがって、本ケースで扱う貸金債権も、遺産分割の対象とはならないのが原則です。

　もっとも、相続人全員の合意により、可分債権を遺産分割の対象とすることは可能であり、これが従来からの実務上の取扱いでもあります。したがって、本ケースの貸付金債権1についても、遺産分割協議書に記載のとおり、甲乙丙間の合意によって、遺産分割の対象とすることができます。

2　貸付金債権の特定の方法（協議書第1条）

　後日、遺産分割の対象となった貸付金債権について、相続人や債務者との間で争いが生じることは望ましくありません。そのため、遺産分割協議書には、特定の貸付金債権であることが明確になるように記載することが重要です。

　特定の方法としては、①貸付年月日、②貸付金額、③債務者（氏

名及び住所）、④返済期限、⑤利息などを記載することが一般的です。そのほか、債権が分割返済の場合などは、⑥返済方法を記載することもあります。

3　法定相続分を超えて可分債権を取得した場合における対抗要件の問題（協議書 2 条）

1 で述べたとおり、貸付金債権のような可分債権は、相続開始と同時に、当然に相続分に従って分割されますが、共同相続人間の合意によって、これを遺産分割の対象とし、法定相続分とは異なる割合により分割することも可能です。

この点について、相続に関する民法の規定が改正されたことにより、2019 年 7 月 1 日以降に開始した相続に関する遺産分割では、法定相続分を超えて相続財産に関する権利を取得した部分について、登記などの対抗要件を備えなければ、第三者に対抗することができないとされました（民法 899 条の 2 第 1 項）。そして、この「権利」については、一般的には不動産である場合が多いと思われますが、本ケースのような貸付金債権も含まれます。

したがって、本ケースでは、法定相続分 2 分の 1 を超えて貸付金債権 1 を取得した甲について、対抗要件を備えなければ、債務者法令花子その他第三者に対して、超過分である 2 分の 1 部分の取得を対抗することができません。

対抗要件具備の方法は、遺産分割の結果としての「譲渡人」である共同相続人全員から債務者法令花子に対する通知または債務者法令花子の承諾が必要であり、第三者対抗要件を備えるためには、これらについて確定日付のある証書による必要があります（民法 467 条 1 項 2 項）。もっとも、本ケースの貸付金債権のような債権の場合は、法定相続分を超えて権利を取得した相続人自身が、当該債権に係る遺産の分割の内容を明らかにして債務者にその承継の通知を

したときは、共同相続人の全員が債務者に通知をしたものとみなされます（民法899条の2第2項）。

　したがって、本ケースでは、原則どおり、甲乙丙全員が債務者法令花子に対して通知する方法のほか、甲が遺産分割の内容を明らかにしたうえで、債務者法令花子に通知をする方法によることも可能です。本遺産分割協議書は、後者の方法によった場合について定めています。

4　貸付金債権が分割払いの場合〈応用ケース〉

（2）乙が取得する債権
②　貸付金債権2
　　貸付年月日：令和○年○月○日
　　貸付金額：500万円（ただし、法令太郎相続時の残高は○○万円）
　　債務者：法令次郎（住所　○○県○○市○○町○丁目○番○号）
　　返済期限：令和○年○月○日から令和○年○月○日まで
　　返済方法：毎月末日限り金○万円を支払う
　　利息：年○％

3　乙は、貸金債権2の債務者である法令次郎に対し、同債権の遺産分割の内容を明らかにしたうえで、乙の法定相続分4分の1を超えて同債権の全ての持分を取得した旨を通知する。

　遺産分割の対象となった貸付金債権の返済方法が、分割払いであり、これを乙が単独で取得したケースの条項です。

　分割払い債権の場合、相続開始時には、一定の返済が進んでいることが想定されますので、貸付金額の部分に相続開始時の残高を併せて記載するのがポイントです。また、返済期限や返済方法についても、上記のように記載するのがよいでしょう。

　乙の法定相続分は4分の1ですので、これを超えて取得した4分の3部分を債務者法令次郎その他第三者に対して対抗するためには、対抗要件を備える必要があることは、基本ケースの場合と同様です。

第2編

ケース別　遺産分割協議書条項例

銭勘定と人感情の借地問題

　借地人「ここに住まなくなったので、借地権を買い取ってくれませんか。」地主「買えだと、とんでもない。使わなければ無償で返すのが当たりまえだろう。」

　借地人「ならば仕方ありません。他の人に売ります。」地主「売れるものなら売ってみろ、裁判でも何でもやってやろうじゃないか。」

　地主と借地人がこんなやりとりをした後、借地人が私のところへ相談に来ました。

　旧法借地権が難しいのは、度重なる改正で本来は債権である土地賃借権を物権である所有権に限りなく近づけてしまったことにあります。日本で唯一、借りたものを返さなくてよい法律です。

　借地権の譲渡は、地主の承諾が得られなければ、借地非訟手続で裁判所が代諾許可を出してくれます。しかし、地主と揉めている借地をあえて買う人がいるかどうかは疑問です。

　また、買主が銀行から融資を受けるには地主のハンコが必要となります。揉めていたらハンコなど押す地主はいません。代諾許可での借地権譲渡は現実には難しいものがあります。

　私は借地人の相談を受け、取りあえず地主のところへ行きました。地主は借地人に対し怒り心頭です。

　そんな折、ある住宅メーカーが提案してきました。借地権を買い取りたいとのことでした。投資家からお金を集めアパートを建て、家賃収入を配当するとのことです。ファンドを組めば銀行から融資を受ける必要はなく、地主のハンコもいりません。

　しかし、このまま住宅メーカーに借地権を譲渡してしまった

ら、その道のプロが容赦なく入ってきます。地主は嫌な思いをするでしょう。借地人にしても後味の悪さが残ります。

　そこで、借地人を説得し譲渡価格を下げていただきました。地主の奥様にも状況を説明し、ご主人の説得をお願いしました。地主も一歩譲ってもらい、借地権を買い戻してくれることになりました。

　しかし、ここで予期せぬことが起こりました。借地人に止むを得ぬ事情が生じ、引っ越しが延びてしまったのです。せっかく合意したのに借地を引き渡すことができなくなりました。

　私は知恵を絞り、次の 3 つ提案をしました。

　(1) 地主が借地権付建物を借地人から買い取る。

　(2) 地主の所有になった建物を、借地人が更新のない定期借家契約で借り、払っていた地代相当額を家賃として払い、引っ越し準備が整うまで引き続き住む。

　(3) この 2 つの契約を同時に行う。

　1 年後、無事に引渡しは終了し、双方から感謝されました。犬猿の仲であった 2 人でしたが、最後は互いが譲ってくれました。

　銭勘定に人の感情が絡んでくる借地問題は、相続問題とよく似ています。相続ができる人なら借地問題も解決できるでしょう。無益な争いを防ぎ、社会に貢献するところでは共通しています。

不可分債権を遺産分割する場合

夫・法令太郎が亡くなり、遺産として地主の妻・花子から借りている土地の賃借権がありました。太郎の長女・春子及び二女・夏子とも話し合い、花子が当該賃借権を承継することとなりました。

遺産分割協議書

本籍　　　：東京都○○区○○町○○丁目○番○号
最後の住所：東京都○○区○○町○○丁目○番○号
被相続人　：法令太郎（令和○年○月○日死亡）

　法令太郎の妻である共同相続人法令花子（以下「甲」という。）、法令太郎の長女である共同相続人法令春子（以下「乙」という。）及び法令太郎の二女である法令夏子（以下「丙」という。）は、法令太郎の遺産について遺産分割協議を行い、本書のとおり合意した。

1　甲が取得する遺産
（1）次の土地の賃借権
　　　所　　　在：○市○区○町
　　　地　　　番：○番○○
　　　地　　　目：宅地
　　　地　　　積：○○○.○○平方メートル
　　　契　約　日：令和○年○月○日
　　　賃　貸　人：法令花子（住所　○○県○○市○○町○丁目○番○号）

```
賃　借　人：法令太郎
賃貸借期間：令和○年○月○日から令和○年○月○日ま
　　　　　　で
賃　　　料：月額○万円
```

2　この遺産分割協議書に記載した遺産以外に、新たに被相続
　人の遺産が発見されたときは、甲、乙及び丙はその分割方法
　について協議する。

　本合意の成立を証するため、本協議書3通を作成し、各自1
通を保有する。

令和○年○月○日

【甲（法令花子）】
住所：
氏名：　　　　　　　　実印

【乙（法令春子）】
住所：
氏名：　　　　　　　　実印

【丙（法令夏子）】
住所：
氏名：　　　　　　　　実印

【解説】

　本遺産分割協議書は、被相続人の法令太郎が亡くなり、法令太郎の共同相続人である法令花子、法令春子及び法令夏子の間で、法令太郎の遺産である、土地の賃借権を分割したケースです。

　遺産分割協議の結果、甲が単独で上記借地権を取得することになりました。

1　不可分債権は遺産分割の対象となること

　不可分債権は、可分債権のように相続開始と同時に当然に相続分に従って分割されるものではありません。したがって、被相続人の遺産に属するものである限り、不可分債権は遺産分割の対象となります。

　借地権（建物の所有を目的とする地上権または土地の賃借権）も不可分債権である以上、例外ではありません。つまり、相続開始によって、当然に（賃借権の場合）賃貸借契約が終了するということはなく、当該借地権は遺産分割の対象になります。

2　借地権の特定の方法

　後日、遺産分割の対象となった借地権について、相続人や地主の間で争いが生じることは望ましくありません。そのため、遺産分割協議書には、特定の土地の借地権であることが明確になるように記載することが重要です。

　特定の方法としては、借地権の目的である土地について、不動産登記事項証明書の記載に基づき、①所在、②地番、③地目、④地積を記載したうえで、契約書に従って⑤契約日、⑥賃貸人（地主）、⑦賃借人（被相続人）、⑧賃貸借期間、⑨賃料などを記載し、当該土地上の借地権であることを示す方法によることが一般的です。

なお、借地権の内容としては、それが地上権（民法265条）である場合と、賃借権（民法601条）である場合がありますので、いずれの権利であるかを明記しておくとなおよいでしょう。

3　地主との関係について

相続による借地権の移転については、包括承継にあたります。そのため、権利の内容が地上権である場合はもちろん、賃借権の場合であっても、地主（土地賃貸人）から承諾を得る必要はありません（民法612条1項）。

もっとも、地主は権利関係の当事者として、地上権者（賃借人）から継続的に対価（賃借料）を受けるなど、重要な利害関係を有しています。そのため、承諾は不要といえども、相続開始の事実及び遺産分割の結果について連絡しておくことが望まれます。

4　借家権を遺産分割する場合〈応用ケース〉

```
 2　乙が取得する遺産
（1）次の借家権（賃借権）
     所　　　在：○市○区○町○番地
     家 屋 番 号：○番○○
     種　　　類：共同住宅
     構　　　造：鉄骨造陸屋根3階建　101号室
     床 面 積：1階　○○. ○○平方メートル
              2階　○○. ○○平方メートル
              3階　○○. ○○平方メートル
     建物の名称：○○アパート
     契　約　日：令和○年○月○日
```

```
賃　貸　人：法令花子（住所　○○県○○市○○町○丁
　　　　　　目○番○号）
賃　借　人：法令太郎
賃貸借期間：令和○年○月○日から令和○年○月○日ま
　　　　　　で
賃　　　料：月額○万円
```

　遺産分割の対象が借家権（建物の賃貸借契約）であるケースの条項です。

　特定の方法としては、借家権の目的である建物について、不動産登記事項証明書の記載に基づき、①所在、②家屋番号、③種類、④構造、⑤床面積を記載したうえで、契約書に従って⑥契約日、⑦賃貸人（大家）、⑧賃借人（被相続人）、⑨賃貸借期間、⑩賃料などを記載し、当該建物の借家権であることを示す方法によることが一般的です。このとき、⑪建物の名称まで記載するとなおよいでしょう。

　建物の一部（マンションの一室など）の借家権である場合は、○○号室など、より具体的に借家権の目的を特定することが必要です。

事例9　知的財産権を遺産分割する場合

夫・法令太郎は生前、技術開発をしていたため特許権を有しており、また、特許出願中のプログラムもありました。長女・春子及び二女・夏子とも話し合い、これら知的財産権はすべて妻・花子が承継することとなりました。

遺産分割協議書

本籍　　　：東京都○○区○○町○○丁目○番○号
最後の住所：東京都○○区○○町○○丁目○番○号
被相続人　：法令太郎（令和○年○月○日死亡）

　法令太郎の妻である共同相続人法令花子（以下「甲」という。）、法令太郎の長女である共同相続人法令春子（以下「乙」という。）及び法令太郎の二女である法令夏子（以下「丙」という。）は、法令太郎の遺産について遺産分割協議を行い、本書のとおり合意した。

1　甲が取得する遺産
　（1）次の特許権
　　　発明の名称：○○システム
　　　特　許　番　号：特許第○○○○○○号
　（2）次の特許を受ける権利
　　　発明の名称：○○プログラム
　　　出　願　番　号：特願2021 - ○○○○○○

2　この遺産分割協議書に記載した遺産以外に、新たに被相続人の遺産が発見されたときは、甲、乙及び丙はその分割方法について協議する。

　本合意の成立を証するため、本協議書3通を作成し、各自1通を保有する。

令和〇年〇月〇日

【甲（法令花子）】
住所：
氏名：　　　　　　　実印

【乙（法令春子）】
住所
氏名：　　　　　　　実印

【丙（法令夏子）】
住所：
氏名：　　　　　　　実印

【解説】

　本遺産分割協議書は、被相続人の法令太郎が亡くなり、法令太郎の共同相続人である法令花子、法令春子及び法令夏子の間で、法令太郎の遺産である特許権及び特許を受ける権利を分割したケースです。

　遺産分割協議の結果、甲が単独で上記特許権及び特許を受ける権利を取得することになりました。

1　知的財産権は遺産分割の対象となること

特許権や商標権などの知的財産権も、財産権の一つです。そのため、それが被相続人の財産である限りは、相続及び遺産分割の対象となります。

また、登録を受ける前の「特許を受ける権利」（特許法 33 条）も、相続及び遺産分割の対象となります。

2　特許権及び特許を受ける権利の特定の方法

特許権等の知的財産権も、他の遺産と同様、後日、遺産分割の対象となった権利について、相続人や利害関係人（実施権者等）との間で争いが生じることは望ましくありません。そのため、遺産分割協議書には、特定の知的財産権であることが明確になるように記載することが重要です。

特許権の特定の方法としては、①発明の名称、②特許番号を記載すること、また、特許庁に出願済みである特許権を受ける権利の特定の方法としては、①発明の名称、②出願番号を記載することが一般的です。特許を受ける権利が出願前の状況である場合、出願番号がありませんので、代わりに図面や発明の詳細な説明に関する資料等により、他の特許権と区別ができる程度に特定することが必要です。

なお、特許権については、定期的に発行される特許公報、出願済みの特許を受ける権利については、定期的に発行される公開特許公報で確認ができますが、いずれの情報も、インターネット上の「特許情報プラットフォーム」（https://www.j-platpat.inpit.go.jp/s0100）からも検索することが可能です。

3 特許庁との関係について

　特許権を譲渡したり、専用実施権を設定したりといった処分を行う場合は、特許庁に登録をしなければ、その効果自体が認められません（特許法98条1項各号）。

　他方、相続等の一般承継により特許権が移転した場合は、その旨を特許庁に登録せずとも、移転の効果自体は生じます。ただし、この場合、特許庁に届出をしなければなりません（特許法98条2項）。

　したがって、遺産分割により特許権を取得した場合、その旨を特許庁に届け出る必要があります。以上については、出願後の特許を受ける権利についても同様です（特許法34条5項）。

4 遺産分割までに生じた実施権の対価を清算する場合〈応用ケース〉

> 2　甲、乙及び丙は、乙が甲に対し、令和○年○月○日（法令太郎の相続発生日）から本合意の日までの間に収受した前項（1）の特許権に係る実施権の対価合計○万円の返還義務があることを相互に確認する。
>
> 3　乙は、甲に対し、令和○年○月○日限り、前項の金員を甲が指定する預金口座に振り込んで支払う。振込手数料は乙の負担とする。

　遺産分割の対象となった特許権につき、被相続人が第三者に専用実施権（特許法77条）や通常実施権（特許法78条）を許諾していた場合において、特定の相続人が相続開始から遺産分割までの間に受領していた実施権の対価を清算するケースの条項です。

本ケースのほか、例えば賃貸不動産から生じる賃料など、相続開始後、遺産分割までの間に遺産から生じた果実については、共同相続人の共有に属する遺産とは別個の財産とされ、各共同相続人により相続分に応じた分割単独債権として確定的に取得されます（最一小判平成 17 年 9 月 8 日民集 59 巻 7 号 1931 頁）。

したがって、原則として、遺産分割の対象にはなりません。もっとも、本ケースのように、相続人全員の合意により、相続開始後に遺産から生じた果実を遺産分割の対象とすることは可能です。

5　著作権を遺産分割する場合

> 2　乙が取得する遺産
> （1）次の写真の所有権及び著作権
> 　　題　　名：○○○
> 　　撮影日時：令和○年○月○日午前○時○分
> 　　撮影内容：○○
> 　　サ イ ズ：○×○センチメートル

同じ知的財産権でも、被相続人の遺産が著作権であるケースの条項です。

著作権も、特許法などと同様に、被相続人の財産に属する限りは遺産分割の対象となります。ただし、著作者人格権（公表権、氏名表示権及び同一性保持権。著作権法 18 条ないし 20 条）は、被相続人の一身専属権ですので、相続の対象とならず、したがって遺産分割の対象ともなりません（著作権法 59 条、民法 896 条但し書き）。

著作物は、小説、音楽、絵画及び写真など、実に様々なパターンが存在しますので、それぞれの著作物の性質に応じて、特定に必要な事項を記載していくことになります。例えば、本ケースは写真の

著作物が遺産分割の対象となっていますが、写真の場合は、題名や撮影内容、写真のサイズなどで特定することが多いと考えられます。デジタルカメラ等での撮影であり、撮影日時が特定できるようであれば、その点も記載するとよいでしょう。

　なお、著作物が写真や絵画などの有体物であり、それが所有権の客体ともなる場合は、本ケースのように、遺産分割の対象として、「所有権及び著作権」とすることも考えられます。

事例10　損害賠償請求権を遺産分割する場合

法令太郎が交通事故で亡くなりました。残された遺族は妻・花子、長女・春子及び二女・夏子です。どのように遺産分割をしたらよいでしょうか。

遺産分割協議書

本籍　　　：東京都○○区○○町○○丁目○番○号

最後の住所：東京都○○区○○町○○丁目○番○号

被相続人　：法令太郎（令和○年○月○日死亡）

　法令太郎の妻である共同相続人法令花子（以下「甲」という。）、法令太郎の長女である共同相続人法令春子（以下「乙」という。）及び法令太郎の二女である法令夏子（以下「丙」という。）は、法令太郎の遺産について遺産分割協議を行い、本書のとおり合意した。

1　甲、乙及び丙は、次の損害賠償請求権を遺産分割の対象とすることに合意し、甲が2分の1、乙及び丙が各4分の1の割合で取得する。

　　損害賠償請求権：令和○年○月○日、○県○市○町○丁目○番○○交差点において、岩本町子（住所　○○県○○市○○町○丁目○番○号）の運転する自動車に追突されて死亡したことにより発生した法令太郎の岩本町子に対する下記の損害賠償請求権

記

（1）逸失利益　　○○万円

（2）死亡慰謝料　　○○万円

（3）入院治療費　　○○万円

2　この遺産分割協議書に記載した遺産以外に、新たに被相続人の遺産が発見されたときは、甲、乙及び丙はその分割方法について協議する。

　本合意の成立を証するため、本協議書3通を作成し、各自1通を保有する。

令和○年○月○日

【甲（法令花子）】
住所：
氏名：　　　　　　　　実印

【乙（法令春子）】
住所：
氏名：　　　　　　　　実印

【丙（法令夏子）】
住所：
氏名：　　　　　　　　実印

【解説】

　本遺産分割協議書は、被相続人の法令太郎が亡くなり、法令太郎の共同相続人である法令花子、法令春子及び法令夏子の間で、法令

太郎の遺産である損害賠償請求権（債務者岩本町子）を分割した
ケースです。

　遺産分割協議の結果、法令花子、法令春子及び法令夏子が法定相
続分どおりに上記損害賠償請求権を取得することになりました。

1　損害賠償請求権は相続されること

　本ケースのように、損害賠償請求権の発生原因となった事故によ
り死亡した場合、それが即死のようなケースであっても、事故によ
る受傷と同時に損害賠償請求権が発生し、直後の死亡によって同請
求権が相続されると考えられています。

2　損害賠償請求権が遺産分割の対象となる場合

　損害賠償請求権も、貸付金債権等と同様の可分債権です。そのた
め、相続開始と同時に、当然に相続分に従って分割され、各相続人
は、遺産分割を待たずして法定相続分に従った債権額を取得するこ
とになります（最一小判昭和29年4月8日民集8巻4号819頁）。
したがって、本ケースで扱う損害賠償請求権は、遺産分割の対象と
はならないのが原則です。

　もっとも、相続人全員の合意により、可分債権を遺産分割の対象
とすることは可能であり、これが従来からの実務上の取扱いでもあ
ります。したがって、損害賠償請求権についても、遺産分割協議書
に記載のとおり、甲乙丙間の合意によって、遺産分割の対象とする
ことができます。

3　損害賠償請求権の特定の方法

　後日、遺産分割の対象となった損害賠償請求権について、相続人

や債務者との間で争いが生じることは望ましくありません。そのため、遺産分割協議書には、特定の損害賠償請求権であることが明確になるように記載することが重要です。

　特定の方法としては、①損害賠償請求権の発生原因（日時、場所、行為態様、結果等）、②債務者、③金額（不確定の場合は省略しても構いません）などを記載するとよいでしょう。

4　加害者が業務中における事故であった場合〈応用ケース〉

> 1　甲、乙及び丙は、次の損害賠償請求権を遺産分割の対象とすることに合意し、甲が2分の1、乙及び丙が各4分の1の割合で取得する。
>
> 損害賠償請求権：令和○年○月○日、○県○市○町○丁目○番○○交差点において、岩本町子（住所○○県○○市○○町○丁目○番○号）の運転するトラックに追突されて死亡したことにより発生した法令太郎の岩本町子及び岩本町子の使用者である株式会社○○（代表取締役神田次郎、本店所在地　○○県○○市○○町○丁目○番○号）に対する下記の損害賠償請求権
>
> 記
>
> （1）逸失利益　○○万円
>
> （2）死亡慰謝料　○○万円
>
> （3）入院治療費　○○万円

　事故の加害者が、業務中における事故により、被相続人が死亡し

たケースの条項です。

　この場合でも直接の加害者である岩本町子が損害賠償請求権の債務者となることは、基本ケースと変わりませんが（不法行為。民法709条）、当該事故が、事業の執行についてなされたときは、加害者の使用者も損害賠償責任を負うことがあります（使用者責任。民法715条。最一小判昭和37年11月8日民集16巻11号2255頁等）。

　したがって、本ケースの場合も、岩本町子の使用者である株式会社○○も同時に損害賠償請求権の債務者となり得ます（なお、株式会社○○の特定については、代表取締役名、本店所在地などを記載するとよいでしょう）。

　この場合、岩本町子と株式会社○○の債務は、（不真正）連帯債務の関係にありますので、相続人は、岩本町子及び株式会社○○いずれにも損害賠償請求をすることが可能です（ただし、二重取りは認められません）。

第2編　ケース別　遺産分割協議書条項例

●税務上の視点

　遺族に対して支払われる損害賠償金は相続税の対象とはなりません。

　また、損害賠償金は遺族の所得となりますが、原則として所得税は非課税となります。

事例11 生命保険金について遺産分割をする場合

亡法令太郎は、「法令太郎」を受取人とする生命保険をかけていました。この生命保険金を長男・一郎と長女・春子とで遺産分割する場合の条項例を教えてください。

遺産分割協議書

　本籍　　　：東京都○○区○○町○○丁目○番○号
　最後の住所：東京都○○区○○町○○丁目○番○号
　被相続人　：法令太郎（令和○年○月○日死亡）

　法令春子（以下「甲」という。）、法令一郎（以下「乙」という。）とは、被相続人の遺産につき、下記のとおり合意した。

1　甲乙は、次の生命保険金を、各2分の1の割合で取得する。
記
　契約会社　　　：株式会社A生命
　保険契約者　　：法令太郎
　被保険者　　　：法令太郎
　保険金受取人：法令太郎
　保険証券番号：123456789
　死亡保険金額：500万円

以上

2　後日、新たに遺産が発見された場合、甲乙は、当該遺産の

　　分割について、別途協議をする。

　　以上のとおり、相続人全員による遺産分割協議が成立したので、本協議書を２通作成し、署名押印の上、各自１通ずつ所持する。

【甲（法令一郎）】

住所：

氏名：　　　　　　　　　　　　実印

【乙（法令春子）】

住所：

氏名：　　　　　　　　　　　　実印

【解説】

1　保険証書と約款の確認を行う

　遺産分割の対象は相続財産であり、相続人の固有財産は遺産分割の対象になりません。生命保険金は、生命保険契約の受取人名義により、相続財産となるか、固有財産となるかが分かれ、その後の処理が大きく異なります。

　そこで、被相続人の死亡を保険事故とする保険契約が存在する場合には、まず、生命保険金の保険証書及び保険契約の約款などを読み、受取名義人を確認します。

2　パターン①生命保険金の受取人が被相続人の場合

　この場合、生命保険金は、相続財産に含まれることになります。

この場合には、条項例の1項のように遺産分割を行います。

3 パターン②：生命保険金の受取人が相続人個人の場合

(1) 生命保険金は相続財産とはならないこと

　生命保険金は、当該相続人（例えば、上記の事案であれば、法令一郎や法令春子など）の固有財産となり、相続財産とはなりません。その結果、遺産分割の対象からは外れます（最判昭和40年2月2日民集19巻1号1頁）。

　もっとも、遺産分割の対象から外れるとはいえ、後の紛争防止のため、遺産分割協議書にその生命保険金は当該相続人のものであることを確認する条項を加えることは考えられます。その場合には、条項例の第1項を次のとおり修正します。

　1　甲は、乙に対し、乙が受取人である以下の生命保険金について、乙がすべて取得することを認め、何ら異議を申し立てない。

記（略）

---

(2) 生命保険金の受取人が相続人個人であり、その金額が大きい場合に代償金を支払う際の条項例

　最高裁の決定には、生命保険金について、特別受益（民法903条1項）の対象となる遺贈または贈与に係る財産に該当しませんが、保険料は、被相続人が生前保険者に支払ったものであることや、被相続人の死亡により保険金請求権が発生することなどを考慮し「保

険金受取人である相続人とその他の共同相続人との間に生ずる不公平が民法 903 条の趣旨に照らし到底是認することができないほどに著しいものであると評価すべき特段の事情」があれば、特別受益に準じて持戻しの対象となると判断したものがあります（最決平成 16 年 10 月 29 日民集 58 巻 7 号 1979 頁）。

　また、生命保険金の金額が、相続開始時の相続財産価格の約 61％相当額になった事案で、裁判所は、受取人と被相続人との婚姻期間等を考慮し、「特段の事情」があるとして持戻しの対象となる旨判断しました（名古屋高決平成 18 年 3 月 27 日。原審は岐阜家判平成 17 年 4 月 7 日）。

　以上のように、一人の相続人が受け取る生命保険金が高額な場合、1 項と 2 項を修正し、代償金を支払う条項を加えることも考えられます。

1　甲は、乙に対し、乙が受取人である以下の生命保険金について、乙がすべて取得することを認め、何ら異議を申し立てない。

記　（略）

2　乙は、甲に対し、○○年○月○日までに、代償金として、金○○万円を、甲が別途指定する口座に送金し、支払う。

4　パターン③：生命保険金の受取人が具体的個人を指定せずに「相続人」となっている場合

　この場合、特段の事情のない限り、相続人の固有財産となり、各相続人が相続分の割合により生命保険金を受け取ることになります（最判昭和 40 年 2 月 2 日民集 19 巻 1 号 1 頁、最判平成 6 年 7 月 18 日判時 1511 号 138 頁）。また、受取人欄の記載がなく、保険約款に

「保険金受取人の指定のないときは、保険金を被相続人の相続人に支払う」旨の条項がある場合もこのパターンとなります（最判昭和48年6月29日民集27巻6号737頁）。

　この場合、生命保険金は、遺産分割の対象ではありませんが、各自の具体的な取得分を確認する条項を加えることは考えられます。その場合、1項を次のとおり修正します。

1　甲及び乙は、「相続人」を受取人とする以下の生命保険金について、甲及び一郎が2分の1ずつを取得することを、確認する。

　　　　　　　　　記　　（略）

●税務上の視点

　最終的に、被相続人が保険料を負担していた生命保険金を、相続人（相続放棄をした者及び相続権喪失者を除く）が受け取った場合には、相続税の計算に当たって500万円×法定相続人の数まで非課税となります。

コラム　正義と腹８分目

「腹八分に医者いらず」満腹まで食べず、８分目、７分目ぐらいにしておくと、健康を保ち医者の世話にならないとの話です。

腕に違和感を覚えました。見ると一匹の蚊が止まっています。腹いっぱい血を吸ったとみえ、まるまると膨らんでいます。重くて飛ぶことができません。ポトリと下に落ちつぶされてしまいました。満腹でなく腹８分目にしておけば助かったものを……

相続問題や借地借家問題は、話がこじれてしまうと、弁護士に依頼し法律で裁かなければ解決できない場合があります。私は、弁護士にお客様を紹介するときは次のことを考えます。

○飛び込みや知らない人には地域の弁護士会の電話番号を教えます。パートナーの弁護士は私を信用し、どんな案件でも断わらずに引き受けてくれます。人を紹介することは自分が保証していることを意味します。案件とお客様をよく吟味し紹介します。

○依頼者側に正義があるのか、弁護士を紹介する前に一番大切なことは、ここを見極めることだと思っています。

○丸投げをしない。弁護士は法律のプロ中のプロです。依頼者は素人です。どうしても段差が生じます。面談のときは必ず同席しサポートします。依頼者も安心し話が円滑に進み、弁護士も仕事がやりやすくなります。結果として依頼者の利益につながります。

依頼者側に正義があるか、満腹でなく腹八分目でよしとできるか、ここは大事なところです。あとは長年の経験と雰囲気で

勝てるかどうかわかります。敗戦処理は別として、ここを判断し弁護士に紹介すれば依頼者が勝利する確率は高いでしょう。

　飲食店を35年続けているＡさん夫婦がいます。夫婦も高齢となりました。建物も老朽化してきており、家主は建替えを考えています。そこで、建築会社の営業マンが来て立退きを迫られました。

　相手は立退きのプロです。夜討ち朝駆けで迫ってきます。夫婦は精神的に追い込まれ相談に来ました。素人のＡさんでは対応は無理です。弁護士にお願いするのがベストと判断しました。お客様を弁護士に紹介したときは、丸投げでなく最後までサポートします。

　Ａさんは35年間一度も家賃を滞納したことはありません。家主には立退きの「正当事由」がありません。正義はＡさんにあります。夫婦は私のアドバイスを聞いてくださり、立退料も腹7分目でよしとし短期間に立退きを合意することができました。

　それから2年が過ぎ、コロナ禍です。飲食店は時短を強いられお酒の提供もできません。立退料を満額取ろうと欲を出し、営業を続けていたら、コロナで廃業せざるをえなかったかもしれません。借主から賃貸借契約の解除を申し出たら一銭も要求できません。

　正義はＡさんにあったこと、早い決断と腹7分目でよしとしたことが勝因でした。コロナになる前でよかったです。立退料はＡさん夫婦にとって老後の貴重な糧となるでしょう。

事例12　農地について遺産分割協議をする場合

亡法令太郎は、専業農家で、田を保有し農業を営んでいました。現在は、長男の一郎がその田で耕作を行っています。妻である花子と一郎、東京に出ている二男の次郎とで話し合った結果、一郎が田を含む不動産等を引き継ぐこととなりました。

遺産分割協議書

本籍　　　：○○県○○市○○町○○丁目○番○号
最後の住所：○○県○○市○○町○○丁目○番○号
被相続人　：法令太郎（令和○年○月○日死亡）

　法令花子（以下「甲」という。）、法令一郎（以下「乙」という。）、法令次郎（以下「丙」という。）とは、被相続人の遺産につき、下記のとおり合意した。

記

1　乙は、次の財産を取得する。
　①　所　　在　○○県○○市○○町○○丁目
　　　地　　番　○○番○○
　　　地　　目　田
　　　地　　積　○○平方メートル
　②　所　　在　○○県○○市○○町○○丁目
　　　地　　番　○○番○○
　　　地　　目　宅地
　　　地　　積　○○平方メートル
　③　所　　在　○○県○○市○○町○○丁目

　　　　家屋番号　○番○
　　　　種　　類　居宅
　　　　構　　造　木造瓦葺1階建
　　　　床 面 積　1階　○○平方メートル

2　前項の遺産の取得に伴う登記手続（農業委員会への届出を
　含む。）については、取得者である乙が乙の負担において行
　うものとする。

3　この遺産分割協議書に記載した遺産以外に、新たに被相続
　人の遺産が発見されたときは、甲、乙及び丙はその分割方法
　について協議する。

　　以上のとおり、相続人全員による遺産分割協議が成立したの
　で、本協議書を3通作成し、署名押印の上、各自1通ずつ所持
　する。

【甲（法令花子)】
住所：
氏名：　　　　　　　　　　　　実印

【乙（法令一郎)】
住所：
氏名：　　　　　　　　　　　　実印

【丙（法令次郎)】
住所：
氏名：　　　　　　　　　　　　実印

【解説】

1　1項①：農地の遺産分割協議

　農地とは、耕作の目的に供される土地のことです（農地法2条）。被相続人の保有する農地は相続財産のため、遺産分割の対象になります。その際の条項例は1項①のとおりです。

2　遺産分割後：農地の遺産分割時の手続き

(1)　所有権移転登記

　農地を取得した場合にも、所有権移転登記手続を行う必要があります。

(2)　農地取得の届け出

　遺産分割により農地を取得した場合は、取得した人は、遅滞なく、農地の存する市町村農業委員会にその旨を届け出る必要があります（農地法3条の3）。この届け出をしなかった場合には、10万円以下の過料の制裁が規定されています（同法69条）。

　そのため、遺産分割により農地を取得した場合には、農業委員会への届出も忘れずに行ってください。この書式は、各市町村のホームページ等に掲載されています。

(3)　農業委員会の許可は不要

　農地の譲渡には、原則として農業委員会の許可が必要となります。しかし、遺産分割の場合には、例外的に許可が不要となります。そのため、遺産分割による農地の取得について、農業委員会に

許可を求めることは要しません（農地法3条1項12号）。

3　農地を遺産分割により共有とする場合

　誰も耕作する人がいない場合などに、負担を公平にしようと、農地を相続人間の共有としようとすることもあると思います。

　しかし、農地の場合、共有物分割などで共有状態を解消する場合、「所有権〔の〕移転」に該当し、しかも、遺産分割時と異なり農地法上の例外事由には該当しないため、農業委員会の許可が必要となります（農地法3条1項）。この許可を得られなければ、共有物分割は効力を生じません（同法3条6項）。共有とする場合には、このような将来の手間も考慮する必要があります。

4　農地を他の人に貸す場合

　例えば、農地を他の耕作者に貸し出して収益を上げる目的で農地を取得するという場合もあると考えます。

　もっとも、農地に「賃借権若しくはその他の使用及び収益を目的とする権利を設定」する場合には、原則として「農業委員会の許可」が必要となります（農地法3条1項）。そして、この許可のない賃貸借契約は無効となります。そのため、農地を賃貸して収益を上げるためには、農地法3条1項の許可を得ることになります。

●**税務上の視点**

　農業を営んでいた被相続人から相続人が農地等を取得し、継続して農業を営む場合には、厳格な要件の下にその取得した農地等の価額のうち農業投資価格による価額を超える部分に対応する相続税額について、相続人が農業を継続している場合に限りその納税を猶予する「農地等の納税猶予」の特例があります。

第2編

ケース別　遺産分割協議書条項例

コラム　節税対策に振り回されるな

　夏なると御中元が届きます。相続実務での中元歳暮は、「いい人に出会いました」「助かりました」「ありがとうございます」と、お客様に心から感謝され頂戴することです。

　毎年Ａさんから中元歳暮が届きます。都度礼状は出しますが、名前に覚えがありません、これがもう15年も続いています。念のため15年前の相談票をチェックしてみました。

　するとＡさんの名前がありました。奥様が私の講演を聴いて相談に来たとあります。銀行筋から相続税節税対策として賃貸マンションの建築を提案され、ご主人は乗り気になっているとのことです。

　駅からバス便で15分のところです。手持ち資金はありません。35年返済の全額借入です。賃貸経営は、1に立地、2に立地、そして大家でなく経営者としての感覚を持つことです。どう考えても立地が悪い、実行してしまったら多額の借金が残った「負動産」を子が相続することになります。

　近隣の賃貸市場をわかりやすく説明し、冷却期間をおくことをアドバイスしました。当初から不安を抱いていた奥様ですが、私の話を聞いて断る決心をし、ご主人を説得し事なきを得ました。

　このアドバイスのおかげで「家族が救われた」との思いと、日増しに募る「感謝の気持ち」が毎年届く中元歳暮だったのです。ここで誤解をしないでほしいのは、「借金をして賃貸建物を建てるな」と言っているのではありません。土地の有効活用は必要です。大事なことは身の丈にあった借金やプランのもと、確実なキャッシュフロー（手取り）を見据えた土地活用で

す。

　ある相談を受けました。某筋から節税対策になるからと、古アパートを取り壊し、賃貸マンションの建築を提案されています。規模と建築費との効率や、資金があるとはいえ、借金の額に不安があります。また、将来の相続で共有になる可能性があります。

　そこで、次の提案をしました。

　①アパートの敷地を４宅地に分筆する（土地の相続税評価が下がる）

　②戸建て賃貸住宅を４棟建てる（建築費が安くメンテナンスの負担も少ない）

　③各棟が独立している（遺産分割がしやすい）

　④身の丈に合った借金である（返済が早く終わる）

　借金の抜けた物件は、「カネのなる木」になります。手元には現金が残り、納税資金や遺産分割の原資になるでしょう。

　土地の有効活用は必要です。しかし、安易な節税対策での借金や土地活用に、自分や子供達の大切な人生が振り回されてしまったら本末転倒です。一番大切なことは、その人の人生そのものです。その人生に役立つ対策であってこそはじめて意味があります。

　相続にしてもしかりです。たとえ少なくともいただいた財産に感謝し、自分の人生観や価値観にもとづき心にゆとりある人生を楽しみ、その姿（相）を次の世代に伝（続）えていく、こうした考え方こそが本来の相続の姿ではないでしょうか。

相続債務について遺産分割をする場合

法令花子の夫である亡法令太郎の相続財産は、預金 300 万円のほか、ノンバンクである Y 信用金庫に対する借入金（相続開始時の残元金は 200 万円）です。この借入金は、長男である一郎の大学の学費に充てるためであったことから、話し合いの結果、一郎がこの借入金 200 万円の支払いを引き継ぐこととなりました。

遺産分割協議書

本籍　　　：東京都○○区○○町○○丁目○番○号
最後の住所：東京都○○区○○町○○丁目○番○号
被相続人　：法令太郎（令和○年○月○日死亡）

　法令花子（以下「甲」という。）、法令一郎（以下「乙」という。）、法令春子（以下「丙」という。）は、被相続人の遺産につき、下記のとおり合意した。

1　甲、乙及び丙は、次の預金を、各自3分の1ずつ取得する。
　　○○銀行○○支店　普通預金
　　口座番号　　○○○○○○○
　　口座名義　　法令太郎
　　預金残高　　300 万円（○○年○月○日現在）

2　乙は、被相続人の Y 信用金庫に対する○○年○月○日付け金銭消費貸借契約書第○項に基づく借入金返還債務（相続

開始時の残元金200万円）を、すべて引き受ける。

3　この遺産分割協議書に記載した遺産以外に、新たに被相続人の遺産が発見されたときは、甲、乙及び丙はその分割方法について協議する。

　以上のとおり、相続人全員による遺産分割協議が成立したので、本協議書を3通作成し、署名し実印を押印の上、各自1通ずつ所持する。

○○年○月○日

【甲（法令花子)】
住所：
氏名：　　　　　　　　　　　　　　　実印

【乙（法令一郎)】
住所：
氏名：　　　　　　　　　　　　　　　実印

【丙（法令春子)】
住所：
氏名：　　　　　　　　　　　　　　　実印

【解説】

1　遺産分割後：免責的債務引受手続

借入金などの「負の財産」（消極財産）も遺産分割の対象となる

ため、相続人間の合意でその処理を決めることもあります。しかし、借入金などの金銭債務は、遺産分割手続を経ることなく、当然に分割され、各相続人は、相続分に応じて負債を承継するというのが判例（最判昭和34年6月19日）の立場です。

そのため、本件のように取り決めたとしても、債権者であるY信用金庫は、一郎のみならず花子や春子にも、法定相続分に沿った金額（元金について、花子に100万円、春子に50万円）の支払いを請求できます。

一郎のみが債務を承継するためには、免責的債務引受という方法を使います。この場合、一郎がY信用金庫に自身が債務を承継した旨を通知し、Y信用金庫から一郎が引受人となることについての承諾の連絡を受けることになります（民法472条3項）。

2 相続人の一人が負債をすべて負担し、その後清算金を受領する場合

例えば、借入金の用途が生活費である場合、3人で負債を公平に分担することも考えられます。そして、3人に資力の差がある場合には、ひとまず一番資力のある相続人が債務を弁済し、その後他の相続人から清算金を受領する方法もあります。

その場合、条項例に3項及び4項を追加し、下記の定めをすることがあります。

---

3 乙は、本遺産分割協議成立後、すみやかに、前項の負債を一括返済する。

4 甲は、前項の返済が終了した後○週間以内に、乙に対し、清算金として○○万円を支払う。丙は、前項の返済が終了した後○週間以内に、乙に対し、清算金として○○万円を支払う。

3　負債を相続財産から支払ったうえで、残りの預金を分割する場合

　預金額よりも負債総額が少ない（預金額＞負債総額）場合、預金から負債額を控除して、債権者（Y信用金庫）に支払いを行い、その後、残った預金額を相続人で分配することもあります。

　その場合、1項を次のとおりに改め、2項を削除することが考えられます。なお、（2）の記載は、金銭消費貸借契約書がない場合に負債を特定するための記載例です。

　1　甲、乙及び丙は、（1）の預金から（2）の負債を控除した金額を、各自3分の1ずつ取得する。

　（1）預金

　　　○○銀行○○支店　普通預金

　　　口座番号　○○○○○○○

　　　口座名義　法令太郎

　　　預金残高　300万円（○○年○月○日現在）

　（2）負債

　　　借入年月日　○○年○月○日

　　　借入金額　　相続開始時の残元金200万円

　　　債　権　者　Y信用金庫（住所：神奈川県○○市○○区○○町○○丁目○番○号）

　　　返済期限　　○○年○月○日

　　　利　　息　　なし

※分割払いの場合、返済期限は、「毎月○日限り、○○円」などと記載します。

コロナ禍と相続実務

新型コロナウイルスは人から大切な時間を奪い、多くの仕事や生活に影響を与えています。相続や不動産も例外ではありません。

◎2019年の11月に父親が亡くなりました。母はすでに他界しており、相続人は長男を含め4人です。遺産は、自宅とアパート、預貯金株式などの金融資産がそれなりにあります。

長男はお金を掛けてもらい一流大学を出て一流企業に就職し、現在は自分で起業し業績も順調です。遺産分割に際し「自分はハンコ代でいいよ。あとは3人で話し合ってくれ」と腹の太いところを見せていました。心が広いお兄さんだなと感心していました。

遺産分割の話し合いも順調に進みました。ところが、年が明け3月になると、長男の会社がコロナの影響をまともに受け業績が急激に悪化してしまいました。

そこで、当初は「ハンコ代でいいよ」と言っていた長男の態度が一変しました。遺産分割は最初からやり直しです。父親が亡くなるのがあと1年早かったら円滑な分割で済んでしまったでしょう。

◎同じく2019年の話です。老朽化した収益物件の売却の依頼を受けました。何とか売り抜けましたが、年が明けてしまったら買う人はいなかったと思います。わずか1年の差で運命が分かれます。

コロナの影響で2020年3月頃から相談者の来店が減っています。感染対策はとっていますが、面談を控えていると思わ

れます。コロナが収束してからと問題を先送りにしている人もいます。

　代わりに、遺言作成など一般家庭の相続対策の相談が増えてきました。コロナに背中を押され相続が現実味を帯びてきたのでしょう。財産が自宅と預貯金が 1,000 万円〜2,000 万円、この層の優先すべき相続対策は遺産分割対策です。

　配偶者が自宅敷地を取得するか、または小規模宅地特例の要件を満たせば、相続税の心配はまずないでしょう。ただし、10 か月以内に申告が必要となるので税理士の費用は掛かります。遺産が相続税基礎控除を超えなければ、相続税の申告義務はなく遺産分割のみで済みます。

　また、相続争いの多くはこれらの層に発生します。主な財産が自宅では分けようがありません。遺言の作成は必須です。

　兄弟姉妹の相続以外は、遺留分の問題が絡んできます。先の相続法改正で遺留分減殺請求権が遺留分侵害額請求権となりました。もし遺留分を請求されたら金銭で払わなければなりません。遺言作成と遺留分対策は一体で考える必要があります。

　財産があれば遺留分を侵害しない遺言も可能です。しかし、上記の層ではそんなわけにはいきません。親の考えや思いを伝えておく、付言の工夫、生命保険の活用など準備が必要です。コロナ禍を機に相続対策の必要性が一気に顕在化してきた感があります。

事例1　遺産分割協議書（他人名義）

亡法令太郎の遺産を整理していたところ、長男の法令一郎名義の銀行預金があることがわかりました。この預金を遺産として分割する場合は、どのように条項を設けることになりますか。

遺産分割協議書

本籍　　　：東京都○○区○○町○○丁目○番○号
最後の住所：東京都○○区○○町○○丁目○番○号
被相続人　：法令太郎（令和○年○月○日死亡）

　法令花子（以下「甲」という。）、法令一郎（以下「乙」という。）、法令春子（以下「丙」という。）は、被相続人の遺産につき、下記のとおり合意した。

1　甲、乙及び丙は、乙名義の下記預金が、被相続人の遺産であることを確認する。
　　○○銀行○○支店　普通預金
　　口座番号　○○○○○○○
　　口座名義　法令一郎

2　甲、乙及び丙は、次の預金を、各3分の1ずつ取得する。

（1）○○銀行○○支店　普通預金

　　　口座番号　○○○○○○○

　　　口座名義　法令太郎

（2）○○銀行○○支店　普通預金

　　　口座番号　○○○○○○○

　　　口座名義　法令一郎

3　この遺産分割協議書に記載した遺産以外に、新たに被相続人の遺産が発見されたときは、甲、乙及び丙はその分割方法について協議する。

　以上のとおり、相続人全員による遺産分割協議が成立したため、本協議書を3通作成し、署名及び実印を押印の上、各自1通ずつ保管する。

○○年○月○日

【甲（法令花子）】

住所：

氏名：　　　　　　　　　　実印

【乙（法令一郎）】

住所：

氏名：　　　　　　　　　　実印

【丙（法令春子）】

住所：

氏名：　　　　　　　　　　実印

【解説】

1 相続財産であることを確認する条項（1項）

　本稿執筆時（2022年5月13日）現在、金融機関の中には、親権者その他の法定代理人であれば、名義人本人以外でも口座開設を認めているものがあります。そのため、被相続人名義ではない金融機関口座などが発見されることがあります。

　この場合、そもそも当該預金が相続財産か否かが問題となりえますが、相続人間で遺産であることについて争いがない場合には、遺産分割協議の対象とすることがあります。

　この場合、名義からは相続財産か否かわからないため、後刻の紛争防止のためにも、被相続人の遺産であることを確認する条項（1項）を加えます。

> ●**税務上の視点**
>
> 　いわゆる名義預金です。相続税の計算にあたっては、名義預金は被相続人の相続財産に含めて相続税を計算します。

2 相続人名義の財産を相続人の財産として扱う場合〈応用ケース〉

　相続人名義の財産について、生前贈与として扱った場合、生前贈与された財産が特別受益に該当し、民法903条1項に則り計算した結果、追加で受け取るべき財産がないこともあります。

　その場合には、1項で①特別受益にあたる贈与を受けたこと、②計算の結果、遺産を取得しないこと、の2点を以下のとおり規定することが考えられます。

> 1　甲、乙及び丙は、下記2点を確認する。
> （1）甲が、○○年○月○日、被相続人より、生計の資本として下記の不動産の贈与を受けたこと
> （2）甲の相続分を算定した結果を踏まえ、甲は、本遺産分割において何らの遺産を取得しないこと
> 　　（土地）所在：東京都○○区○○町○○丁目
> 　　　　　　地番：○番○
> 　　　　　　地目：宅地
> 　　　　　　地積：○○平方メートル
>
> 2　乙及び丙は、次の預金を、各2分の1ずつ取得する。
> 　　○○銀行○○支店　普通預金
> 　　口座番号　○○○○○○○
> 　　口座名義　法令太郎

3　名義は被相続人であるが、生前贈与された財産がある場合〈応用ケース〉

　上記の事案とは別に、生前、被相続人から相続人の一人に贈与があったが、名義が被相続人のままの財産が生じることもあります。例えば、太郎が生前、一郎に自身の所有する土地を贈与したが、登記名義が「太郎」のままとなっていた場合などです。

　この場合、①当該財産が、一郎の固有財産であり相続財産ではないこと、②当該財産の登記手続を行うことの2点を定める必要があります。その際には、1項及び2項を下記のとおり修正することが考えられます。

1 甲、乙及び丙は、下記の不動産（以下「本件不動産」という。）が、乙の固有財産であり、被相続人の遺産ではないことを確認する。

 （土地）所在：東京都○○区○○町○○丁目
 　　　　地番：○番○
 　　　　地目：宅地
 　　　　地積：○○平方メートル

2 甲及び丙は、乙に対し、本件不動産につき、○○年○月○日付贈与を原因とする所有権移転登記手続をする。

●税務上の視点

　贈与税の申告をしているかなど、確実に贈与といえるかがポイントです。相続人間で贈与と認めている程度では足りず、贈与が成立しているとする外形が必要と考えます。過去の贈与は贈与税の時効との関連になりますが、特に不動産の場合にはその異動が第三者にも確認できる登記時点をもって時効の起算点と考えることが妥当でしょう。

　また、贈与税の申告を失念している場合には、速やかに期限後申告を行うことも検討すべきでしょう。

事例2 葬儀費用の精算を含めて遺産分割協議をする場合

法令太郎が亡くなりました。妻・花子が喪主となり、葬儀を取り仕切りました。葬儀に際しては、読経や火葬、通夜、告別式などが行われ、飲食代、香典返しを含めて費用は300万円になりました。いただいた香典は90万円でした。これらの費用について、花子、長男・一郎、長女・春子の3名で均等に分けることにしました。なお、その他の遺産は普通預金420万円でした。

遺産分割協議書

本籍　　　：東京都○○区○○町○○丁目○番○号
最後の住所：東京都○○区○○町○○丁目○番○号
被相続人　：法令太郎（令和○○年○月○日死亡）

　法令花子（以下「甲」という。）、法令一郎（以下「乙」という。）、法令春子（以下「丙」という。）は、被相続人の遺産につき、下記のとおり合意した。

1　甲、乙及び丙は、下記の預金を、各3分の1の割合で取得する。
　　○○銀行○○支店　普通預金
　　口座番号　○○○○○○○
　　口座名義　法令太郎
　　預金残高　420万円（○○年○月○日現在）

2　甲、乙及び丙は、被相続人の葬儀費用 210 万円について、各 3 分の 1 の割合で負担する。

3　乙及び丙は、甲に対し、〇〇年〇月〇日限り、前項の葬儀費用の負担分を、下記振込口座に振り込むことにより支払う。
　　〇〇銀行〇〇支店　普通預金
　　口座番号　〇〇〇〇〇〇〇
　　口座名義：ホウレイハナコ

4　後日、新たな遺産が発見された場合、甲が当該遺産を取得する。

　以上のとおり、相続人全員による遺産分割協議が成立したので、本協議書を 3 通作成し、署名し実印を押印の上、各自 1 通ずつ所持する。

〇〇年〇月〇日

【甲（法令花子）】
住所：
氏名：　　　　　　　　実印

【乙（法令一郎）】
住所：
氏名：　　　　　　　　実印

【丙（法令春子）】
住所：
氏名：　　　　　　　　実印

【解説】

1　葬儀費用

　葬儀費用とは、死者を悼む儀式及び埋葬等の行為に要する費用です。例えば、棺そのほかの祭具、葬式会場設営、読経、火葬、墓標の費用、通夜、告別式の参列者の飲食代、納骨代等が含まれます。

　葬儀費用は、相続財産そのものではなくまた、被相続人の債務ではありません。そのため、本来遺産分割で処理する必要がある問題ではありません。しかし、共同相続人が負担した際には、遺産分割の付随問題として、一緒に協議されることがあります。

2　分割する葬儀費用の計算方法の例

　葬儀費用の精算について、葬儀の際にいただく香典は、喪主に対する贈与であり、喪主は、第一次的に葬儀費用に充て、次いで法事等の祭祀費用に充てることができる旨の決定例があります（広島高決平成3年9月30日）。

　本件では、この決定例の理解に則り、葬儀費用300万円から香典90万円を控除した210万円を精算対象にしています。

3　喪主である相続人だけが葬儀費用を負担する場合〈応用ケース〉

　葬儀費用の負担者について定説はありません。そのため、香典を受け取る喪主だけが、葬儀費用を負担することもあります。

　その場合、2項を次のとおり改めることが考えられます。

　2　甲、乙及び丙は、被相続人の葬儀費用210万円について、甲が全額負担することを確認する。

4　葬儀費用の分、甲が多く預金を取得する場合〈応用ケース〉

　本件では、一郎や春子について、相続財産である普通預金から一定の金額を受け取り、その後、喪主である花子に70万円を支払うことになっています。

　このほか、花子のみが葬儀費用を負担し、その代わり花子が多めに預金を受け取ることもあります。

　1　甲、乙及び丙は、下記の預金を、甲が○○万円、乙及び丙が各○○円、取得する。
　　　○○銀行○○支店　普通預金
　　　口座番号　○○○○○○○
　　　口座名義　法令太郎
　　　預金残高　420万円（○○年○月○日現在）

　2　甲、乙及び丙は、被相続人の葬儀費用の210万円について、甲が全額負担することを確認する。
　（3項は削除）

5　香典の精算について定める場合

　近時は葬儀も簡素化しているため、葬儀に要した費用よりも香典のほうが高額になることもあり得ます。香典は、喪主に対して贈られるものであり相続財産ではないため、基本的に精算後の残額は喪主が取得します。

　もっとも、遺産分割協議により、共同相続人間で分配することも可能です。

2　甲、乙及び丙は、被相続人の葬儀において甲が受領した香典○○円から、葬儀費用及び香典返礼費用の合計○○円を控除した○○円につき、それぞれ 3 分の 1 ずつの割合で取得する旨合意した。

3　甲は、前項の乙及び丙取得分○○円を、それぞれ、下記振込口座に送金して支払う。

（乙指定口座）・・・・（丙指定口座）・・・・

●税務上の視点

　相続税の計算にあたっては、債務控除の中に含め課税価格から控除できるものと、そうでないものとがあります。この事例では香典返し費用は債務控除できません。親族間で精算の対象にするものと相続税上控除できる範囲とが異なりますのでご注意ください。

遺産分割は法定相続分の時代へ!?

民法では、相続人になれる人と相続分が決められています。法律で決まっているのなら、法律どおりに確定してしまえば済む話です。相続争いなど発生する余地はありません。

ところが、遺産分割協議で相続人全員が合意したならば、どんな分け方をしても有効となるからやっかいです。

遺産分割協議が成立しなければ、家庭裁判所へ調停申し立てをします。調停が不成立となれば審判に移ります。審判官は、すべての事情を総合的に考慮し審判を出しますが、法律で決まっている法定相続分を変えることはできません。

父親が亡くなり、相続人は母親を看取り父親を介護した長男、借金（ギャンブル）の肩代わりをしてもらい、勘当状態になっている二男、嫁いでいる長女の3人です。

四十九日の法要も終わり、次は遺産分割協議です。疎遠であった二男がこの時ばかりとやってきました。長男は両親の世話や介護への寄与と、本家としての墓守や親戚付き合いを考慮し、本家に厚めの分割案を提案しました。長女は兄の提案に従いました。親の見舞いにも来ない、葬儀にも来なかった二男が法定相続分（1/3）を主張し譲りません。遺言がなかったことが悔やまれます。

遺産分割協議はまとまらず、家庭裁判所の調停から審判に移りました。通常の親の介護では長男の相続分を増やすことはできません。見舞いや葬儀にも来なかったと、二男の相続分を減らすこともできません。常識と法律は違います。そして、常識は法律に勝てません。長男には不本意ですが二男の法定相続分

は確定するでしょう。

　何代も続いてきた旧家なら、家督相続思考が文化として残っており、本家以外が法定相続分を主張することはまずありません。しかし、普通の家庭では、揉めるのは嫌だし、相続は平等だから法定相続分との言葉が、違和感なく出てくるようになりました。

　1980年頃、「新人類」という言葉が流行りました。従来とは異なった感性や価値観、行動規範を持った若者のことです。その若者達も親が亡くなり、相続人の立場になる歳になりました。異なった感性や価値観、行動規範を持った相続人の出現です。この年代は権利意識が強く、義務を果たさなくても権利だけはしっかりと主張してきます。

　審判官ですらできない、法定相続分を変えられる人が一人だけいます。それは被相続人となる人です。方法は遺言です。法定相続は平等相続です。平等の中に不平等（公平）を持ち込むのは遺言にしかできません。

　近年、遺産分割は法定相続分との考えが増えてきています。法定相続が当たり前の時代が来るかもしれません。法定相続は平等ですが公平とは限りません。これからは相続で公平を保つ唯一の方法である遺言の必要性が増してきます。

祭祀承継者について遺産分割協議書に含める場合

法令太郎が亡くなりました。相続人は、太郎の子の一郎、春子、次郎の3人です。財産は、山口県の自宅不動産と預金1,000万円です。自宅には、家系図が残っているほか、太郎の先祖代々の墳墓や、太郎の先代から引き継がれてきた仏壇や位牌などがあります。現在、山口県の自宅不動産には、長男の一郎のみが住んでおり、春子と次郎は、東京都内に住んでいます。そのため、話し合いの結果、太郎の仏壇や家系図、遺骨の管理について、一郎が引き継ぐこととなりました。

遺産分割協議書

　本籍　　　：山口県〇〇市〇〇郷〇〇番
　最後の住所：山口県〇〇市〇〇郷〇〇番
　被相続人　：法令太郎（令和〇年〇月〇日死亡）

　法令一郎（以下、「甲」という。）、法令春子（以下、「乙」という。）、法令次郎（以下、「丙」という。）は、被相続人の遺産につき、下記のとおり合意した。

1　甲は、次の不動産を取得する。
（土地）所在　　　　山口県〇〇市〇〇郷
　　　　地番　　　　〇〇番
　　　　地目　　　　宅地

　　　　　地積　　　　○○平方メートル

　（建物）所在　　　　山口県○○市○○郷

　　　　　家屋番号　　○○番

　　　　　種類　　　　居宅

　　　　　構造　　　　○○

　　　　　床面積　　　○○平方メートル

2　甲、乙、丙は、次の預金を、各3分の1の割合で取得する。

　　○○銀行　　○○支店　普通預金

　　口座番号　　○○○○○○○

　　口座名義　　法令太郎

　　預金残高　　○○円

3　相続家の祭祀は甲が承継し、甲は、仏壇、墓碑等を承継する。

4　甲、乙、丙は、被相続人の遺骨について、祭祀承継者である甲に帰属することを確認する。

5　後日、新たな遺産が発見された場合、甲が当該遺産を取得する。

　　以上のとおり、相続人全員による遺産分割協議が成立したので、本協議書を3通作成し、署名し実印を押印の上、各自1通ずつ所持する。

○○年○月○日

【甲（法令一郎）】

住所：

氏名：　　　　　　　　実印

【乙（法令春子）】

住所：

氏名：　　　　　　　　実印

【丙（法令次郎）】

住所：

氏名：　　　　　　　　実印

【解説】

1　祭祀財産の承継人を遺産分割で決めることについて（3項）

　相続財産の中に、家系図や墳墓、仏壇や位牌などが含まれることがあります。これらの祭祀財産（民法上は「系譜、祭具及び墳墓の所有権」と定まっています）は、本来、遺産分割の対象とはなりません。祭祀財産の承継者は、「被相続人の指定に従って祖先の祭祀を承継すべき者」が承継し、そのものがなければ「慣習に従って祖先の祭祀を承継すべき者が承継」し、慣習が明らかでないならば家庭裁判所が定めることになります（民法897条）。

　しかし、管理の便宜などから、実際上、相続人が話し合い、決めることも多く、遺産分割の当事者の合意により遺産分割協議や調停において定めることも少なくありません。そのため、祭祀承継者について、遺産分割協議で定める意義はあります。

2　遺　骨（4 項）

火葬後に残る遺骨は、祭祀に関する権利ではありませんが、祭祀承継者に帰属すると判断した裁判例（最判平成元年 7 月 18 日）があります。そのため、ここでは、祭祀承継者である甲に帰属する旨規定しています。

3　祭祀財産が複数地にある場合に複数人が承継する場合〈応用ケース〉

祭祀財産の承継人は、一人でなければいけないというものではありません。例えば、上記事案で、法令太郎が使用権を有する墳墓が東京都内の霊園にもある場合には、山口県に住む一郎一人がすべての墳墓の祭祀承継者になるよりも、都内に住む春子や次郎が都内の霊園の墳墓の祭祀承継者になるほうが墳墓の荒廃を防ぎやすくなることもあります。

このような場合には、3 項について、次のように定めることが考えられます。

> 3　相続家の祭祀は甲が承継し、甲は、仏壇、墓碑等を承継する。ただし、○○霊園（所在：東京都○○市○○町○○番○○）における被相続人の墓地使用権は、乙が承継する。

4　葬儀費用〈応用ケース〉

祭祀承継者が喪主となり葬儀を行った場合であっても、祭祀承継者は、相続財産から祭祀料の一部を受け取る権利が生ずるわけではありません。そのため、喪主が祭祀承継者の場合においても、葬儀

費用を遺産分割時に精算する場合には、遺産分割協議書を締結することになります（その際の文例については287ページを参照）

　本件では、祭祀承継者が先祖代々の墳墓等を管理する負担が大きいことも考慮し、新たな遺産が発見された場合、甲が当該遺産を取得すると規定しています（4項）。

●税務上の視点
　祭祀承継財産は、相続税の非課税とされています。

事例4　配偶者居住権の設定等

法令花子は、亡法令太郎の配偶者です。花子は既に70歳を超えているため、今から引っ越すのではなく法令太郎の所有していた自宅（土地建物合計2,000万円）に住み続けたいと考えます。また、法令太郎の財産である預金（合計3,000万円）についても、あるに越したことはありません。もっとも、他の相続人である長男・一郎の取り分を減らしたくないので、法定相続分の範囲内で遺産分割をしたいと考えています。

遺産分割協議書

本籍　　　　：東京都○○区○○町○○丁目○番○号
最後の住所：東京都○○区○○町○○丁目○番○号
被相続人　：法令太郎（令和○年○月○日死亡）

　法令花子（以下「甲」という。）、法令一郎（以下「乙」という。）は、被相続人の遺産につき、下記のとおり合意した。

1　乙は、次の不動産を取得する。
　（土地）所在　　　東京都○○区○○町○○丁目○番○号
　　　　　地番　　　○○番
　　　　　地目　　　宅地
　　　　　地積　　　○○平方メートル
　（建物）所在　　　東京都○○区○○町○○丁目○番○号
　　　　　家屋番号　○○番

　　　　種類　　　居宅
　　　　構造　　　○○
　　　　床面積　　○○平方メートル

2　乙は、甲に対し、前項の建物（以下「本件建物」という。）につき、存続期間を甲の終身の間とする配偶者居住権を設定する。

3　乙は、甲に対し、○○年○月○日限り、前項の配偶者居住権の設定登記手続を行う。手続費用は、甲の負担とする。

4　甲、乙は、次の預金を、各2分の1の割合で取得する。
　　　　○○銀行　　○○支店　普通預金
　　　　口座番号　　○○○○○○○
　　　　口座名義　　法令太郎
　　　　預金残高　　3,000万円

5　この遺産分割協議書に記載した遺産以外に、新たに被相続人の遺産が発見されたときは、甲及び乙はその分割方法について協議する。

　　以上のとおり、相続人全員による遺産分割協議が成立したので、本協議書を3通作成し、署名し実印を押印の上、各自1通ずつ所持する。

○○年○月○日

【甲（法令花子）】
住所：

氏名：　　　　　　　　　実印

【乙（法令一郎）】
住所：
氏名：　　　　　　　　　実印

【解説】

1　配偶者居住権の概要

　被相続人の配偶者（以下「配偶者」といいます）が、被相続人の所有する建物に居住していた場合、配偶者居住権が成立することがあります。この配偶者居住権は、(1) 配偶者短期居住権、(2)（狭義の）配偶者居住権に大別できます。

(1) 配偶者短期居住権（死亡時から遺産分割成立時等まで）

　配偶者は、被相続人の財産に属した建物に相続開始の時に無償で居住していた場合には、原則として、その居住していた建物（以下「居住建物」といいます）に、一定の期間（遺産分割により当該建物の帰属が確定した日か、相続開始時から6か月経過日のいずれか遅い日など）、無償で使用することができます（民法1037条）。これを配偶者短期居住権といい、遺産分割で合意せずとも法律上の要件を満たせば得られます。

　配偶者短期居住権の要件を満たした場合、配偶者は、居住建物に居住をしつつ、遺産分割の協議を行うこともできます。

（2）（狭義の）配偶者居住権

（狭義の）配偶者居住権とは、一定の要件を満たす配偶者が、被相続人が亡くなった後も、賃料の負担なくその建物に住み続けることができる権利です。建物の所有権を取得する場合と異なり、配偶者は、居住建物を、所有者の許可なく、第三者に賃貸できません。その代わり、建物の所有権を取得するよりも低い価額で居住権を確保でき、その結果、具体的相続分の範囲内であっても、預貯金等のその他の遺産をより多く取得することができるというメリットがあります。

自宅価格が土地建物合計 2,000 万円、預金が合計 3,000 万円の場合、所有権を取得する場合と配偶者居住権を取得する場合とでは、次のように花子氏が取得できる預金額が異なります。

所有権を取得する場合	配偶者居住権を取得する場合
花子：自宅　2,000 万円 　　　　預金　　500 万円 一郎：預金　2,500 万円	花子：居住権　1,000 万円 　　　　預　金　1,500 万円 一郎：自　宅　1,000 万円 　　　　預　金　1,500 万円

なお、実際の配偶者居住権の評価額や所有権価格に占める割合などは、事案により異なります[11]。

2　配偶者居住権の期間（2 項）

配偶者居住権の存続期間は、特段の合意がなければ、終身の間となりますが、別段の定めをすることも可能です（民法 1030 条）。この期間は登記事項であり、また、一度定めた期間は変更できないと

11　居住権価格の決め方については、公益社団法人日本不動産鑑定士協会連合会「配偶者居住権等の鑑定評価に関する研究報告」（令和元年 12 月 10 日）が参考になります。

の見解があります。

3　登記手続（3項）

　配偶者居住権は登記が必要なため、登記手続についても、規定します。この登記費用について、条項例では、配偶者である花子の負担としています。

4　使用収益（特に費用負担）のルール〈応用ケース〉

　配偶者居住権では、配偶者は通常の必要費を負担します（民法1034条1項）。このことを明記した条項例は次のとおりです。

　3（1）甲は、本件建物についての通常の必要費（固定資産税
　　　　　及び修繕費を含む。）を負担する。
　（2）乙は、本件建物についての通常の必要費以外の費用及
　　　　び有益費を負担する。

　なお、固定資産税は、一度所有者が支払い、その後、配偶者に請求するという流れになります。

5　第三者使用の特約〈応用ケース〉

　配偶者が将来老人ホーム等に入居する際に、老人ホームの費用の原資にするため、居住建物を賃貸したいと考えることもあります。
　配偶者は、当然に家族や家事使用人と同居することはできますが、第三者に建物を使用収益させるためには、居住建物の所有権者の承諾を得る必要があります（民法1032条3項）。この承諾について条項を加える場合は、次のとおりです。

> 2　乙は、甲に対し、前項の建物（以下「本件建物」という。）
> につき、存続期間を甲の終身の間とする配偶者居住権を設定
> する。乙は、甲に対し、甲が第三者に居住建物の使用または
> 収益をさせることを認める。

　このような合意をした場合、配偶者居住権の登記を行うに際し、「特約」として「第三者に居住建物の使用又は収益をさせることができる」などと登記を行います。

6　配偶者居住権の放棄と対価の支払い

　配偶者が老人ホームに入居する際には、配偶者居住権は不要となります。配偶者居住権は、譲渡はできませんが放棄はできます。そして、このように配偶者居住権を放棄した際に、今後の生活費として建物所有者から一定の金銭を取得する旨の条項を設けることも考えられます。

　その場合の条項例は次のとおりです。

> 3　甲は、第2項により設定された配偶者居住権を、存続期間
> 満了前に、放棄することができる。この場合、乙は、甲に対
> し、直ちに、金〇〇円を支払う。

> ●税務上の視点
> 　相続税の計算にあたっては、配偶者居住権の評価方法が定められています。また、配偶者居住権並びに配偶者居住権が付された宅地についても諸要件を充足すれば、小規模宅地等の特例の適用があります。

コラム	遺言必須

　「子供がいないから、財産はすべて配偶者にいく」と思い込んでいる夫婦のなんと多いことか。それはとんでもない間違いで、夫（妻）が遺言を作ってなかったら妻（夫）は辛い思いをします。

　夫が亡くなり、子供がなく父母等の直系尊属も他界していたら、妻と夫の兄弟姉妹が相続人となります。兄弟姉妹が亡くなっていたら、甥・姪が一代限りで代襲相続人となります。妻はこの義兄弟姉妹と夫の遺産分割の話し合いをしなければなりません。

　Ａさん夫婦がいます。子どもはいません。Ａさんは妻より10歳年上です。年上の自分が先に亡くなると思い、世話になってきた感謝の証として、自分の預貯金をすべて妻の通帳に移しました。生計一ですから、互いが自由に使え特に問題はありませんが、予期せぬことに妻が先に亡くなってしまいました。

　預貯金は凍結され、生活費も下ろせません。相続人はＡさんと妻の兄弟姉妹です。銀行に「これは自分のお金だ！」と言ってもそんな話は通用しません。Ａさんは途方にくれています。

　何代も続いてきた旧家があります。「栄枯盛衰」栄えるときもありますが、衰えてしまうときもあります。道楽者が出たためにこの旧家もすっかり衰え昔の面影はありません。母親はすでに他界し父親が残った自宅で一人暮らしをしています。

　高齢の父親は寝たきりとなり介護が必要となりました。隣に住んでいるＢさん（長男）夫婦が在宅介護をすることになり

ました。

　介護は、食事や下の世話など心身ともに大きな負担を強いられます。実際に経験した人でなければその苦労はわかりません。

　そして、3年後に父親は亡くなりました。Bさんの依頼でこの相続案件を引き受けました。相続人はBさんと5人の姉達です。

　弟夫婦に介護を押しつけ、親の世話を一切しなかった姉達は全員が法定相続分を主張してきました。介護をしてくれた弟夫婦へ「ありがとう」の感謝の言葉もありません。それどころか遺産の自宅を売却しお金に換えろと言ってきました。Bさんは旧家としての面子もあり、せめて三回忌が終わるまで待ってほしいと嘆願しました。しかし、姉達は聞く耳を持ちません。

　Bさん夫婦には子どもがいません。Bさんは自分が亡くなったら、全財産は妻へ行くと信じて疑っていませんでした。

　今回の相続で姉達の正体がわかりました。もしBさんが亡くなったら自分達の権利を主張してくるでしょう。5人のしたたかな義姉達に奥様はとても太刀打ちできません。理不尽な内容で遺産分割を合意させられてしまう可能性があります。

　「絶対に遺言が必要だ！」とBさんを説得しました。すぐ資料を揃えBさんと公証役場に出向き、公正証書遺言を作成してもらいました。姉達に遺留分の権利はありません、これで奥様は安心です。遺言必須の典型的な事例でした。

索　引

著　者　略　歴

［編著者・執筆者］

●**奈良　恒則**（なら　つねのり）

KAI 法律事務所代表・弁護士（第一東京弁護士会）、NPO 法人相続ア
ドバイザー協議会専務理事。遺言作成・遺産分割調停・遺留分侵害額請
求など相続法務問題を多く手がける。

URL：https://www.kailaw.com/

●**佐藤　健一**（さとう　けんいち）

税理士法人 JP コンサルタンツ副代表、㈱ JP 不動産鑑定代表・税理士、
不動産鑑定士、NPO 法人相続アドバイザー協議会副理事長。土地評価
を中心に、多くの相続案件をサポートしている。

URL：http://jpcg.co.jp/

●**野口賢次**（のぐち　けんじ）……コラム担当

有限会社アルファ野口・代表取締役、NPO 法人相続アドバイザー協議
会評議員。常に相続を心の視点からとらえ、多くの相続問題の処理にあ
たっている。

URL：http://alfa-n.co.jp/

●**佐藤量大**（さとう　ともひろ）

KAI 法律事務所パートナー・弁護士（東京弁護士会）、NPO 法人相続
アドバイザー協議会会員。遺言作成・遺産分割調停・遺留分侵害額請求
など相続法務問題を多く手がける。

URL：https://www.kailaw.com/

[執筆者]

●端山　智（はやま　さとし）
　KAI法律事務所パートナー・弁護士（東京弁護士会）、社会保険労務士。遺言作成・遺産分割調停・遺留分侵害額請求など相続法務問題を多く手がける。
　URL：https://www.kailaw.com/

●稲田　拓真（いなだ　たくま）
　KAI法律事務所・弁護士（第一東京弁護士会）。遺言作成・遺産分割調停・遺留分侵害額請求など相続法務問題を多く手がける。
　URL：https://www.kailaw.com/

●桑原　佳秀（くわはら　よしひで）
　KAI法律事務所・弁護士（第一東京弁護士会）。遺言作成・遺産分割調停・遺留分侵害額請求など相続法務問題を多く手がける。
　URL：https://www.kailaw.com/

●木谷　京子（きたに　きょうこ）
　KAI法律事務所・弁護士（第二東京弁護士会）。遺言作成・遺産分割調停・遺留分侵害額請求など相続法務問題を多く手がける。
　URL：https://www.kailaw.com/

税務申告を見据えた
遺産分割協議書の作成とケース別条項例　　令和4年12月10日　初版発行

〒101-0032
東京都千代田区岩本町1丁目2番19号
https://www.horei.co.jp/

検印省略

編　著	奈　良　恒　則
	佐　藤　健　一
	野　口　賢　次
	佐　藤　量　大
共　著	端　山　　　智
	稲　田　拓　真
	桑　原　佳　秀
	木　谷　京　子
発行者	青　木　健　次
編集者	岩　倉　春　光
印刷所	日本ハイコム
製本所	国　宝　社

（営　業）	TEL　03-6858-6967	Eメール　syuppan@horei.co.jp
（通　販）	TEL　03-6858-6966	Eメール　book.order@horei.co.jp
（編　集）	FAX　03-6858-6957	Eメール　tankoubon@horei.co.jp

（オンラインショップ）　https://www.horei.co.jp/iec/
（お詫びと訂正）　https://www.horei.co.jp/book/owabi.shtml
（書籍の追加情報）　https://www.horei.co.jp/book/osirasebook.shtml

※万一、本書の内容に誤記等が判明した場合には、上記「お詫びと訂正」に最新情報を掲載
　しております。ホームページに掲載されていない内容につきましては、FAXまたはEメー
　ルで編集までお問合せください。

2022年、リニューアルオープン!!

税理士業務、企業実務に役立つ情報提供Webサービス

税理士情報サイト
Tax Accountant Information Site

https://www.horei.co.jp/zjs/

税理士情報サイトとは

「業務に役立つ情報を少しでも早く入手したい」
「業務で使える規定や書式を手軽にダウンロードしたい」
「日本法令の商品・セミナーを割引価格で利用したい」
などといった税理士の方のニーズにお応えする、
"信頼"と"実績"の総合Webサービスです。

日本法令

税理士情報サイト
Tax Accountant Information Site

税理士情報サイトの

1 税理士業務書式文例集

税理士事務所の運営に必要な業務書式はもちろん、関与先企業の法人化の際に必要となる定款・議事録文例、就業規則等各種社内規程、その他税務署提出書式まで、約500種類の書式が、編集・入力が簡単なWord・Excel・Text形式で幅広く収録されています。

●主な収録書式
各種案内・挨拶文例／業務処理書式／決算処理書式／税務署提出書式／労務書式／身元保証書等書式／取締役会議事録／株主総会議事録／売買契約書文例／賃貸借・使用貸借契約書文例／金銭消費貸借契約書文例／税理士法人関係書式／会計参与関係書式 ほか多数

2 ビジネス書式・文例集

企業の実務に必要となる書式、官庁への各種申請・届出様式、ビジネス文書、契約書等、2,000以上の書式・文例をWEB上でダウンロードすることができます(Microsoft Word・Microsoft Excel・PDF形式)。

●主な収録書式
社内外で必要とされるビジネス文書約600文例／契約書約270文例／内容証明約470文例会社規定19文例／各種申請書約800書式

3 電子書籍の無料提供

税理士にとって日頃の情報収集は必要不可欠。そこで、税理士情報サイトの有料会員向けに、年間に数冊、日本法令発刊の税理士向け書籍のWEB版(PDFファイル形式)を無料提供します。

4 ビジネスガイドWEB版

会社の総務・経理・人事で必要となる企業実務をテーマとした雑誌「月刊ビジネスガイド」のWEB版を無料で購読できます。

https://www.horei.co.jp/zjs/

お役立ちコンテンツ

5 税理士向け動画セミナー

無料会員向けの「セレクト動画」、有料会員向けの「プレミア動画」で、著名な税理士、弁護士、学者やその道のプロが、タイムリーなテーマを深く掘り下げてレクチャーします。いつでも時間が空いた時に視聴可能です。

6 税制改正情報ナビ

毎年度の税制改正に関する情報を整理し、詳しく解説します。税制改正に関する日々のニュース記事の配信と、日本法令刊『よくわかる税制改正と実務の徹底対策』WEB版、さらにはその著者による詳細な解説動画で、いち早く今年度改正の要点を押さえましょう！

7 税務判決・裁決例アーカイブ

税理士業務遂行上、さまざまな税務判断の場面で役立てたいのが過去の税務判決・裁決例。ただ、どの事例がどこにあるのか、探すのはなかなか一苦労だし、イチから読むのは時間がかかる…。そこで、このアーカイブでは「キーワード検索」と「サマリー」を駆使することで、参照したい判決・裁決例をピンポイントで探し出し、スピーディーに理解することが可能となります。

8 モデルフォーム集

税理士業務におけるチェック漏れによるミスを未然に防ぐため、さまざまな税務のチェック表、確認表、チェックリストほか、日常業務で活用できるオリジナルのモデルフォーマットを提示します。

9 弊社商品の割引販売

日本法令が制作・販売する書籍、雑誌、セミナー、DVD商品、様式などのすべての商品・サービスをZJS会員特別価格〈2割引き〉で購入できます。高額な商品ほど割引額が高く、お得です！

税理士情報サイト
Tax Accountant Information Site

会員限定無料動画シリーズ

大淵博義教授×三木義一教授
税務判例批評

大淵博義中央大学名誉教授と三木義一青山学院大学名誉教授が
最近の注目判決について語り尽くす！

第2回　最高裁令和4年4月19日判決
　　　　──財産評価基本通達総則6項の最高裁判決と検証
第3回　東京高裁令和3年5月20日判決
　　　　──みなし譲渡課税・差戻し控訴審判決を考える
第4回　東京地裁令和4年2月25日
　　　　──商品先物取引に係る解決金の取得と更正の請求の是非

税理士情報サイトで、続々配信

税理士情報サイト　お申込みの手順

① WEBで「税理士情報サイト」を検索
② トップページ右上の「新規会員登録」をクリック
③ 「無料会員登録」or「有料会員登録」を選択

[無料会員登録]
④ 「個人情報方針」への「同意」をチェックして「申込ページ」へ。
⑤ お名前とメールアドレスを入力して、お申込み完了。
⑥ お申込みを確認後、ご登録いただいたメールアドレス宛に、「ログインID（会員番号）：弊社が設定した5ケタの半角数字」と「パスワード：お客様が設定した8文字以上の半角英数字」をご連絡いたします。

[有料会員登録]

有料会員年会費　税込 **29,700** 円

④ 「個人情報方針」、「会員規約」、「Japplic利用規約」への「同意」をチェックして「申込フォーム」へ。
⑤ 入会申込フォームに必要事項を入力、お申込み。
⑥ お申込みを確認後、弊社から請求書と郵便振込用紙（払込取扱票）をお送りいたしますので、所定の年会費をお振り込みください。お振込みを確認後、ご登録いただいたメールアドレス宛に、「ログインID（会員番号）：弊社が設定した5ケタの半角数字」と「パスワード：お客様が設定した8文字以上の半角英数字」をご連絡いたします。

日本法令　お問合せ
〒101-0032　東京都千代田区岩本町1-2-19
株式会社日本法令　ZJS会員係
電話：03-6858-6965 FAX：03-6858-6968
Eメール：sjs-z@horei.co.jp